U0066860

行動研究與課程教學革新

中華民國課程與教學學會◎主編

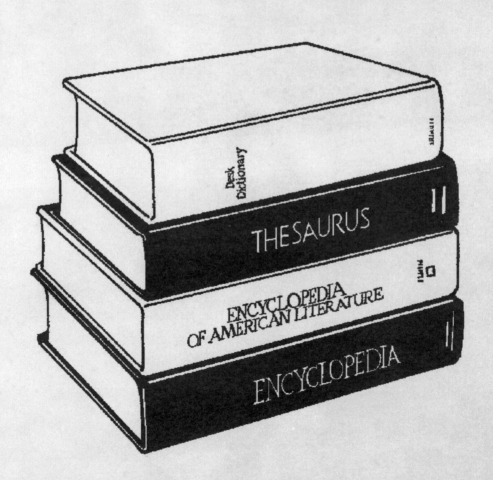

作者簡介 （依姓氏筆畫排列）

方德隆
國立高雄師範大學教育學系教授

成虹飛
國立新竹師範學院國民教育研究所副教授

林素卿
國立臺灣體育學院教育學程中心助理教授兼代主任

洪若烈
教育部臺灣省國民學校教師研習會副研究員

張芬芬
臺北市立師範學院初等教育系副教授

陳伯璋
國立花蓮師範學院多元文化教育研究所教授

黃政傑
國立臺灣師範大學教育學系教授

詹志禹
國立政治大學附屬實驗小學校長

甄曉蘭

國立臺灣師範大學教育學系副教授

蔡金火

國立政治大學附屬實驗小學研究部主任

蔡清田

國立中正大學教育學程中心副教授

序

....

　　近年以來，經由一系列的教育改革和課程改革，學校氣氛日漸活絡，校園顯現前所未有的生氣與活力。尤其是新學校和新課程的實驗、試用，成果十分顯著；課程由私領域變成公共論述的焦點；校長領導漸重視課程和教學領導；教師課程武功恢復，教學素養增強；家長不再是旁觀者，也參與課程論述和改革。二十一世紀的校園，正興起一場「寧靜的革命」，學校漸漸呈現出新的風貌。

　　在這麼短的時間內，學校能「破繭」而出，最重要的因素是教師賦權增能，而行動研究則扮演了重要的角色。歷次的課程改革均由教育部主導，課程標準、教科書和其他課程決定，都是由上而下，要求教師實施，教師被動去接受指令，形成「上有政策，下有對策」，改革理想與實施之間有嚴重的落差，以致改革效果不彰。但經由這一連串的教育改革，強調教育鬆綁、教師自主，教師不再只是執行者，而必須扮演研究者的角色，覺知自己工作、教學上的困難和問題，加以研究；擬訂解決方案和策略，在自己的教學現場實驗和研究；依據研究結果發展課程、改進教學。所以，每一位教師都成為研究者，每一間教師都是實驗室，每一所學校都成為課程改革中心，自然掀起課程改革的風潮，這正是行動研究的真義。

　　九年一貫課程正在試辦，試辦學校定期舉辦研討會，每次都邀請參與試辦的教師們經驗分享，上台報告的老師，不僅能對自己的教學方法和技能侃侃而談，而且能覺知技術背後的理論，將理論與實際相互驗證，因此報告都十分精彩，引人入勝。課程行

動研究使教師遭遇矛盾，質疑自己的意圖和行動，做開放的對話，使教學成爲討論、對話、辯論的過程；使教師增權、解放，質疑被視爲理所當然的假定，擴充日常決定的領域，採取負責的行動。行動研究也縮短理論和實際的差距，理論不是脫離實際加以驗證後，應用到教室現場，課程理論是在實際中驗證的。

現在學校雖已破繭而出，但更期望整體「蛻變」，因此，行動研究的水準亟待提昇。許多行動研究都是個人式的，以提昇技術能力爲主要目的，但要眞正落實教育改革的理想，個人式的、技術性的行動研究是不夠的。偏重技術能力則忽視教育實際及行動研究所在的社會情境；不將既存限制加以探討和轉變，則易將行動研究非政治化，並接受現存的制度和社會措施。因此要加強批判的、合作的行動研究，使教師從宰制的結構中解放出來，反省意識型態的結構；參與反省的過程，協助他們採取政治的、策略的行動，以克服結構的束縛，進行學校和教育的再造。

本學會自創立以來，對課程和教學的研究不遺餘力，對新課程的推展和實施更全力以赴。因此今年特別以「行動研究和課程教學革新」爲主題，希望系統的探討行動研究的相關問題，及其課程和教學革新的意涵，使行動研究眞正化爲行動，使課程改革更能落實。

本年刊的出版首先要感謝惠賜宏文的各位朋友；其次課程與教學學會秘書處所有同仁的關注，尤其是沈秘書長姍姍、林組長佩璇，運籌帷幄，功不可沒，謝謝您們；也要謝謝揚智出版社的配合和努力。

理事長 歐用生

目錄

第一章

研究者必須中立客觀嗎：行動研究的知識論與幾個關鍵問題

張芬芬

前言

啓蒙運動的貢獻與限制

　　十七世紀開始的啓蒙運動大大改變了這個世界，它高舉理性的大旗，打敗了傳教士的經院哲學，與民間充塞瀰漫的迷信，將人類（至少是西方世界）從神權的宰制中，解放出來。啓蒙運動大將們的夢想是：人類要擺脫神權的枷鎖，人類要用人類共有的理性，去探索這個世界，用理性建構客觀的自然科學，建立普遍的道德倫理、法律制度，還要發展獨立的藝術，不再是伺候上帝的奴僕；甚至希望以理性建立一種自然宗教，擺脫超大的教會權威，以及宗教分裂所帶來的無盡紛爭，乃至迫害，讓人類做這個世界的主人。果然啓蒙思潮強調的理性，帶來近三世紀科技文明的高度發展，改善了人類的物質生活，這是啓蒙運動對人類莫大的貢獻。而此時期相伴產生的資本主義、現代法律、現代政治體系、與科層體制，也將人類社會朝著合理性的方向大力推進。

　　但是當人們學著拿著理性的透鏡，去看這個世界的一切時，這面理性的透鏡也窄化了人們的視野，至少受正統科學世界觀（orthodox scientific worldview）影響的人們，漸漸地理所當然地認爲：透過理性看見的世界，才是眞實的、可信的；而其他透過天啓、直觀、想像、感情、實踐行動，所獲得的「東西」，並不是科學知識。後來再受到十九世紀實徵主義（positivism）的影響，學者們更期望以自然科學爲典範，將教育學在內的人文科學，都能予以科學化，於是人們更進一步認爲：透過實徵方法（positivistic method）去探究，蒐集、分析感官資料（sense data），以觀察性語言來表達，所建立的普效性原理原則，才是科

學知識。這一觀念迅速發展，成爲社會科學界普遍接受的信念，亦即成爲社會科學中的正統。此時理性原有的價值引導功能被淡忘，乃至拋棄，理性的工具功能則被過度強化，亦即「工具理性」凌駕「價值理性」，這當然不是當初啓蒙思想大師們所期望的。然而綜觀人類歷史，每一主流思潮興盛到了極至，雖然達成了當初高唱的部分理想，但往往也因某部分主張被過度提倡，以致走向另一個極端，終於產生另一反制的思潮。本文所要介紹的一種知識論，正是對啓蒙運動以來漸漸窄化的世界觀，亦即所謂的正統科學觀，試圖做出另一次的啓蒙與解放。

正統科學觀規定的科學研究

更爲詳細地說，所謂正統科學觀主張的研究，就是要探究一個外在於研究者之外、獨立自存的實在界（reality，或譯爲實有全體、整體實有，參見項退結，民65，頁32-33），研究者需要選擇具有代表性的樣本，而爲了保證研究的客觀性，研究者應該與研究對象（包括被研究的現象）隔離，這樣研究者、研究工具才不會影響研究對象，研究者也不會干擾研究情境，而最後提出的研究結果，還要能類推於其他對象、或情境，這樣才是具有內、外在效度的研究，如此才能發現實在界的規律性，這樣所建立的理論，才是科學知識。這也正是國內社會科學界目前仍普遍接受的正統科學觀，更進一步地說，這也正是國內論文口試時，諸多口試教授們批評論文方法問題，所持的標準。

而誰能產生知識呢？啓蒙運動把求知的權力，交給少數菁英，因爲要進行上述那種科學研究，需要擅長抽象思考，知悉學術語言，熟諳研究程序，還要會操作數字與公式，最後才能生產出一套具有類推性的原理原則。原理原則的確具有描述、解釋、預測實在界的價值，但研究過程中強調與研究對象隔離的作法，

以及著重學術語言的使用，也使它產生負面的影響。因為對絕大多數的實務工作者而言，以隔絕方式產生的原理原則所構成的理論，和自己實作中的行為並不太相干，至少實務工作者多半並未知覺到理論的啟發性，亦即理論與實作是很有距離的，而學術語言的抽象性，則更為擴大了這段距離[1]。

G. Bateson（引自Reason, 1994）稱呼這樣的科學方法產生的研究成果，是一種「隔離的真理」（separate truth）。因為為了保證研究產生的知識是客觀的，這種正統的科學觀規定：研究者應該清楚地與研究對象隔離開來。亦即研究者不應該介入研究的現象、或對象，這樣才能把那個既存的實在界發現出來。這樣的研究方法得出的結論，即使果然是真理，也只配稱為是一種「隔離的真理」。

新世界觀的成形──參與的世界觀

現在上述那種正統科學觀似乎已走向下坡，另一種新的世界觀正在成形中，Peter Reason（1994）稱它為「參與的世界觀」（participative worldview）。當然任何思潮的出現並非突然湧現，更非一人一派的主張使然，這種「參與的世界觀」其實受到諸多思潮的影響，其中至少包括：整全與系統思考（holistic and systematic thinking）（Skolimowski , 1992）、女性主義（feminism）（Reinharz, 1992）、解放主義教育（liberationist education）（Freire, 1970; Rogers, 1969）、以及Habermas（1972）的擴展知識論（extended epistemology）。

這種「參與的世界觀」之核心概念是參與，相對於過去那種世界觀，新的世界觀是強調認知的整全性、實在界的多元性、研究者與研究對象的平等性（holistic, pluralist, egalitarian）。新世界觀認為：人類經由參與，共同創造（cocreate）了人類的實在界，

透過的是人們的經驗、想像與直覺、思想與行動（Heron, 1992）。
正如Skolimowski（1992）指出的：「我們總是參與我們所描繪的
事件」（p. 20）所以我們要研究的實在界，其實是一種互動的產
物，一方是我們個體的與集體的心靈，另一方即是宇宙最初未定
形的既有（giveness）。

「參與式研究」與「行動研究」

　　這種參與世界觀支持著一種新的研究取向，這一取向可統稱
為「參與式研究」（participative inquiry）（Reason, 1994），其研究
方法的核心策略就是參與，過去強調科學研究者不介入研究現
象，或不干預研究對象的觀點，被參與的概念所取代。這一取向
應用於各個領域，不同學者又益以不同哲學觀點，發展出不同的
研究重點，而且還對自己所用的方法又冠以不同的名稱[2]，包括：
合作探究（cooperative inquiry）、參與式行動研究（participatory
action research，可參見陳惠邦介紹的「解放行動研究」，民90）、
行動探究（action inquiry）、鑑賞探究（appreciative inquiry）、研
究伙伴制（research partnerships）等（Reason, 1994）。另外還有一
些學派雖然未創造新的名稱來稱呼其方法，但實際上運用了這種
參與取向的研究法，應用人類學（applied anthropology）、批判人
種誌（critical ethnography）（Quantz, 1992）、以及實務工作者進行
的質性研究等，都屬於這一類。

　　國內近年來正在倡教師進行「行動研究」（action research），
所謂的「教師即研究者」（參見歐用生，民83），這一觀念已快速
地被台灣教師所接觸到，乃至努力學習實踐著。統觀國內學者所
推廣的行動研究，雖引介了歐美各個不同派別的觀點，但大約仍
不出陳伯璋（民75）所歸納的「行動研究」三特色：研究者與行
動者合一，研究問題與行動問題合一，研究目的與行動目的合

一。若以此三特色，來界定行動研究，再與上述「參與式研究」相比較，其實二者的精神與內涵是相當一致的，只不過「行動研究」的命名，著重研究者的角色、問題來源、與實質目的；而「參與研究」一詞的命名，著重的是研究者對研究對象（或現象）的參與（若曰介入），研究人員對社會實況的參與（或曰改革），以及顯示了這類研究的本體論觀點——我們要研究的這個世界，其實是經由我們的參與所形成的。為了更能達到與讀者溝通的目的，本研究仍採用國內已漸漸熟悉的詞彙——行動研究，來解說相關問題[3]。

　　本研究重點包括兩部分，一是說明行動研究的知識論基礎，用學界常愛質疑的知識論問題為主軸，一一說明行動研究的觀點，二是提出成功的行動研究應關切的幾項問題，這也是基於本研究者對台灣近年教育行動研究的觀察，所體認到的幾項關鍵問題。嚴格說來，以下所談的部分內容，並非完全屬於知識論的範圍，例如，「人的自主性」涉及宇宙論、人生論，「實在界」的問題屬於本體論，但為避免文章過於支離，仍以知識問題為核心，將全部問題貫穿起來。另外因為「行動研究」一詞本來就是眾多學者、學派共用的名詞，各學者、學派主張不盡相同，也未必對每一知識論問題提出看法，所以本文只能就相關學者已提出的觀點予以說明，若各學派有明顯差異處，本文亦分別說明。至於細微差異處，則尚無力處理。此乃本文寫作上的不足處，謹此說明之。

行動研究的知識論

認知的主體與客體「人」具有自主性嗎？

人具某種程度的自主性，人是其行動的作者

　　John Heron是行動研究的提倡者，他在一九七一年首次提出「合作探究」（cooperative inquiry）一詞（Reason & Heron, 1986）。這種研究取向主要承襲人文主義心理學（humanistic psychology）的看法，認爲人可以在協助下選擇自己的生活，亦即人是具有某種程度的自我決定性的（Maslow, 1968; Rogers, 1961）。他們反對人是受早年生活制約的個體（這是行爲主義心理學者的主張），也不贊成人是受嚴格社會習俗壓抑的個體（這是精神分析學派的主張）。他們主張：若在一個群體中能有眞正開放的溝通，則有助於使人成爲自由、自主的個體。

　　Heron（1992）認爲：正因爲人具有自我決定的能力，所以正統研究法不適合研究人。正統的科學研究法在思考、決定研究問題、研究設計、控制研究過程，與導出研究結論時，把人這個研究對象（human subjects）排除於外，這就是把研究對象當作是無法自我決定者，把研究對象與研究過程隔絕，也把研究對象與從研究結果產出的知識相隔絕，這樣的隔絕，使得這種宣稱是研究人的正統科學方法，不再有效了。

　　過去的正統科學不適合研究人，那們要用什麼方法研究人呢？Reason & Heron（Reason & Heron, 1986; Reason, 1994）認爲「合作探究」才是合適的方法，以傳統科學研究的語言來說，亦即是由研究者與研究對象合作，來探究問題。因爲人是某種程度的

自我決定者，也就是指：人是其行動的作者（author of action）。易言之，人的意圖與目的（intention and purpose）（這是他心智上的選擇，他的決定）是他的行為之原因（cause）。我們應該將研究對象當作是一個自我決定者，來研究他，因此我們所要研究的人之行為與經驗，必須很明顯地，由他自己來做決定。準此，在「合作探究」裡所有參與研究的人都是共同研究人員（co-researchers），整個研究的過程都應由所有研究人員來思考與決定，從研究主題的決定到研究結論的提出。所有人員也都是共同的研究對象（co-subjects），亦即過去所稱的研究者，應該也是大家的的研究對象，一起參與被研究的活動。

我們要研究的實在界是客觀的？還是主觀的？

實在界是主、客觀辯證下的結果

　　實在界是研究者要研究的對象，「參與式研究」者接受 Paulo Freire 的主張，認為實在界既有主觀成分，亦有客觀成分，是主、客觀辯證下的結果。實在界的建構，不僅經過心，且經過慎思的行動。Freire（1982, p. 30）說：

> 對許多社會科學家而言，具體的實在界（the concrete reality）就是一串特定事實（facts）的清單，這些事實就是他們想要捕捉的，例如，水的出現與否、此區域裡腐蝕的問題。對我而言，具體的實在界不只是這些相隔絕的事實（facts）。在我看來，如果以辯證的方式來思考，具體的實在界不止是由這些具體的事實與有形的事物所構成，還包括了與它相關的人如何知解（perceive）它。因此對我而言，在最終的分析裡，具體的實在界就是主觀（subjectivity）與客觀

（objectivity）的連結，拿走主觀，是沒有客觀的。

我們必須學會辯證式的思考，把實在界看作是一過程，它常常是經由一種自我矛盾（self-contradictory）發展後才出現（常常是逐漸變成如此的）；探究此一實在界，這既不是主觀的，也不是客觀的；這個實在界既是整個獨立於我，又是整個取決於我（Reason, 1994）。

另外行動研究強調行動（action）對實在界的重要性，他們認爲：實在界的建構並不止是經過「心」（mind），而是外顯可見的（manifest），乃經過了個人與團體深思熟慮的行動（reflective action）而建構出的（Reason, 1994）。因此一些行動研究者，特別著重行動的探究，並有人更希望藉此建立一種行動科學，下面將再予說明。

知識有哪些類別？

命題知識、經驗知識、實作知識、展現性的知識

行動研究將以往知識的領域更爲擴展，Heron（1981）認爲知識應包括三類[4]：第一類是命題知識（propositional knowledge）：是「關於」某事物（「about」something）的知識，是以陳述（statements）與理論的方式來呈現的。這也是以往正統科學觀所主張的知識。

二是經驗知識（experiential knowledge）：這是與人、地、事直接面對面接觸而得的知識，行動研究非常重視此類知識的價值。尤其是帶有解放使命的「參與式行動研究」一派更是推崇受壓迫族群的經驗知識。

Heron（1981）提出的第三類知識是實作知識（practical

knowledge），這是有關某些事物「如何做成」的知識。這種知識是以一種技能（skill）或能力（competence）的形式展現出來。

　　一九九二年Heron又提出了第四種知識：展現性的知識（presentational knowledge），這是由經驗知識發展爲命題知識的一個橋樑，通常是以影像、夢想、故事、或創造性的想像等方式來呈現，展現性的知識把我們未明說的經驗知識（tacit experiential knowledge）轉化爲一些型模（patterns），發展這種展現式的知識很重要，但也經常被忽視。「合作探究法」強調經驗知識、展現知識、命題知識、與實作知識之間的互動。國內成虹飛（民90）嘗試以各種展現方式，呈現行動研究的成果，正是一項值得讚賞的嘗試，國人可由其中領會展現性知識的多元性，顛覆以往研究報告的刻板形式。

　　由上述知識類別的擴張中，已隱藏著求知的方式不只是思考（thinking），Tandon（1989）即明確指出三種廣義的求知方式，包括：思考（thinking）、感受（feeling）、與行動（acting）三種，行動研究即運用了這三種方式來求知。方志華（民90，頁26）研究Nel Noddings的關懷倫理學（ethics of care），認爲：「研究者應在教育論述中注入主觀的感受，讓讀者可由其中感染到啓發、和獲得勇氣。讀者除要瞭解決問題的技術，更要去感受研究中實踐者的用心，與創造的精神。」本質上，這都是同意：研究報告不應只呈現「思考」的結果，更應呈現研究過程中研究人員「感受」與「行動」的學習所得，成虹飛（民85）的「以行動研究做爲師資培育模式的策略與省思：一所師院生的例子」，正是一篇這樣的研究成果。

經驗知識對人的研究有何重要性？

命題知識應源於與研究對象會商過的經驗知識、與實作知識

　　Reason（1994）認爲：在探究人的研究裡，命題知識是在研究結論中被提出來，而它需要植基於、且源自於該研究的研究對象所具有的經驗知識與實作知識。如果這些命題完全由「沒有經歷過所研究之經驗」的人員產生出來，而且對這些研究對象的經驗知識與實作知識未做會商，就逕自提出一些命題知識，那麼這些研究發現既非直接反應研究者的經驗，亦非研究對象的經驗。而過去主張研究者不介入的科學研究，就是這種無效的研究發現。

　　經驗知識既是如此重要，經驗對行動研究來說，自然是極其重要的，對「合作探究法」來說，經驗是這種研究法的檢驗規準（touchstone），此處所謂經驗，意味著個人對他的世界所作現象學方面的區辨（phenomenological discrimination）（Heron, 1992）。另外的「參與式行動研究」則認爲：經由真實的經驗，我們直觀地瞭解到某事務的本質，我們把這直觀所得當作是實在界，去感受它、享受它、瞭解它。而著重「行動探究」的研究者，也試圖超越傳統研究過於知性化的取向，努力把求知與行動真正落實在經驗體中（the body of experience）——而這些經驗乃源自於我們的感官（Reason, 1994）。

行動研究如何看待主觀性（subjectivity）？

　　既然參與式研究重視經驗性求知（experiential knowing），必定會有人質疑經驗求知中帶有研究者主觀的成分，如何處理主觀的問題呢？Reason與Rown（1981, chap.10）的看法可分析成以下

三點：

1. 研究其實常常是具有個人的、政治的、心靈的意義。知識常常來自於一種觀點，瞭解是爲了某種目的。
2. 在研究方法方面，可採用行動（action）與省思（reflection）的循環與再循環，亦即採用程序效度（validity of procedure）。
3. 藉上述方式，研究者可以批判性地看透自己的主觀（subjectivity）。研究者可以說得出自己所持的立場（perspective），進而開始看透自己個人的與階級的偏見，所造成的扭曲。所以研究的過程必然也伴隨著協同研究人員們的個人發展，讓他們從一個較不具省思性的主觀，走向一種批判性的主觀（critical subjectivity）。

許多學門的發展出於主觀的理想

本研究者認爲以上的第一項理由其實意味著：每一研究都出自於主觀，主觀未必是件壞事。我們就每篇論文的研究動機與研究建議來看，其中顯現的研究使命感即是一種主觀的表現（張芬芬，民82）。以美國社會學芝加哥學派的發展爲例，十九世紀時芝加哥大學第一代領導人Albion W. Small，即認爲他們獻身的這個學門，就是要努力宣揚美國的天命，亦即成爲上帝之國。他主張美國應該是一個統整基督兄弟的邦國，獻身於一個與上帝的盟約，藉此盟約所有美國人要共享正確的價值觀。Small想以社會學方法將清教徒的價值觀與道德，傳給芝加哥那些新移入的種族、人種、與異教區域的住民。後來許多重要的經典研究都是出於這種宗教使命感。而由人類學的發展史來看，有些學者同樣有濃厚的基督宗教的使命感在後面推動著（Vidich & Lyman, 1994）。簡

言之，許多學門的發展的確出於主觀的理想。

正統科學也隱藏著主觀性

　　而吸收批判理論發展而成的「參與式行動研究」，更主張：過去的正統研究只屬於少數菁英，鞏固的是主流團體的利益，維護的是現有的權力結構，這其中意味著：過去聲稱自己是客觀的那些研究，其實也隱藏著主觀性。這是指研究動機與建議中隱藏的主觀性，亦即上述Reason等人所稱的第一項理由：「知識常常來自於一種觀點，瞭解是爲了某種目的」。這是在每篇研究在動機與建議中必然有的主觀性。

所有行動研究者都是主觀介入研究情境的

　　其實一般正統科學觀質疑的主觀性，主要是指：研究過程中研究者是否謹守客觀立場，不去影響研究對象？有些行動研究者（多半屬於「參與式行動研究」派）認爲根本沒有必要顧忌這方面的主觀介入，因爲他們主張：作研究的目的，就是要解放弱勢者，提昇他們的能力，這是研究者主觀理想的介入。另外一些不帶有解放使命的行動研究者，雖然不是積極引導研究對象，但仍然以參與爲手段──自然參與研究情境，自然參與實在界的建構，並不避諱與研究對象的互動，所以就介入性來看研究者的主觀性時，所有行動研究者都是主觀介入的，而這正是行動研究的特色。

在蒐集與分析資料中保持客觀性

　　另外正統科學關心的主觀性，還有一個重要層次是指：蒐集與分析資料時的主觀問題，亦即他們認爲蒐集與分析資料的過程，不應受到研究者成見、偏見的影響，而有所偏袒。這一層倒是獲得一些行動研究者的贊同，例如，前述的「合作研究」者（Reason與Heron均屬之），就希望能在蒐集與分析資料中保持客觀

性，他們所用的方法即是「行動」與「省思」的循環與再循環，希望透過透徹的省思，找出研究中的盲點、偏差（包括受情感影響的主觀），這就是用程序來保證研究的效度。

由「不具省思性的主觀者」，變爲「批判性的主觀者」

上述這種合作探究非常強調省思，研究人員在經歷這類研究過程後，必伴隨著省思能力的提昇，清楚的知道自己研究的立場，即使是有所偏私、偏袒的立場，也是研究者自知甚詳的，所以這一思慮透徹的研究者已不同於「不具省思性的主觀者」，Reason（1994）稱此爲「批判性的主觀者」。如果研究者的主觀，是這種批判性的主觀，這正是提倡省思的人士，所樂見的主觀。

研究的最終目的是什麼？

解放、增能弱勢者

研究的目的何在？過去的正統科學觀認爲：在建立理論，這種理論是可以描述、解釋、與預測實在界的。這一觀點受到「參與式行動研究」的挑戰，他們承襲著批判理論的傳統，從權力的觀點去看知識，他們批判正統科學觀，認爲那些研究其實是將意識型態（ideology）與知識論相結合，將知識與權力相結合；爲的是要爲主流階級服務，這樣的研究並不需要和一般民眾對話，因爲它不對這些人知覺到的實在界有興趣，它只會在他們身上強加上主流階級知覺到的實在界。亦即過去那些非參與的研究，主要是爲主流文化服務，憑藉的是壟斷知識的發展與運用，研究的對象雖然可能是弱勢團體，但所產生的知識卻不利於弱勢團體；所以此非參與研究乃是剝削的。而現在是走入人群，發展眞正的大眾科學的時候了（Fals-Borde, 1982; Fals-Borda and Rahman,

1991）。

　　既要建立大眾科學，研究的主要任務便在解放（liberate）與增能（empower，或譯賦權），一方面要藉著成人教育、社會運動、以及行動研究，產生對一般民眾（尤其是弱勢者）有用的知識與行動。另一方面藉著建構與採用該族群的知識，能在更深的層次上增強人們的能力：讓他們看透過去菁英研究爲了主流的利益，而壟斷知識的生產與運用，這就是自覺（consciousness-raising或conscientization）之意，由Freire（1970）所創，即指經由集體的自我探究與省思，而自我覺察（self-awareness）的過程。

　　因爲「參與式行動研究」強調增能，所以特別著重研究中研究者與研究對象（即全體研究人員）的合作與對話，要在此過程中增強、觸發、增加弱勢者的自尊，發展出團體連帶責任感（community solidarity）。如de Roux（1991, p. 44）所指出的，「運用此法，一在理性層次上，必須釋放出人們被壓抑的知識，解放被窒息的思考與聲音，刺激其創造力，發展其分析與批判力。二在感情（emotion）上，必須釋放感覺（feelings），撤除參與者內心的圍牆，解放行動的能量。」

建立行動科學，以促進有效的行動，增進社會正義

　　前段所談是「參與式行動研究者」的主張，他們主要是由權力的角度，去批判正統科學觀，而希望改變過去研究的目的，期藉研究過程增進弱勢群體的權益。另有一些行動研究者，則從行動的角度批判正統科學觀，這一派被稱爲「行動科學」（Action Science）、或「行動探究」（Action Inquiry）派。其主將包括：W. R. Torbert，C. Argris，D. A. Schön，他們引用許多人的著作（Reason, 1994），例如，J. Dewey一九二九年對知識與行動隔離的批評；J. MacMurray一九五七年行動優先於思考（reflection）；J.

Habermas一九七二年提出的批判科學（critical science）；N. Maxwell於一九八四年提出的智慧哲學（philosophy of wisdom），以解決人們實作上關心的問題；以及Skolimowski（1992）生活的過程即是一求知過程的主張。雖然「行動科學」派最終的目的仍是在改造社會，使它更有效能、更為正義，這和「參與式行動研究」學者的主張相似，但「行動科學」派，所採用的途徑並不相同，他們期望以「行動探究」建立起「行動科學」，這是一種能促進有效與正義行動的知識。Torbert（1981, p. 145）表示：

雖然在分析時，研究（research）與行動（action）可以被區分開來，但它們其實是糾結在實作（practice）中的，⋯知識常常是在行動中獲得，也為行動而產生⋯準此，追究社會科學的效度（validity）問題，其實即在追究：如何發展出一種真正涵有豐富訊息的行動（well-informationed action），而不是要發展出一種有關行動的思慮科學（reflective science），亦即我們應該要發展一種行動科學（action science）。

　Torbert（1991, p. 211）強調：

行動探究是在日常生活中進行的一種科學研究⋯行動探究與正統科學不同處在於：行為探究重視的是原始資料（primary data），而不是二手的、被紀錄下來的訊息（recorded information），原始資料是在「線上」（on-line）遭遇到的、以及「在知覺與行動中的」。行動探究是行動之中的一部分，亦即是行動中「意識」（consciousness）的那一部分。

總之，以上兩派都認為研究的目的，並不在建立理論，而是為了改造這個世界，不過兩派採取的途徑不同，「參與式行動研究」是要喚醒大眾的自覺，增進他們的能力；「行動探究」則希望建立「行動科學」，裨益有效、與正義的行動。

如何保證研究的效度？

具省思力的研究人員的集體經驗，保證了研究的效度

即使這個待發現的實在界並非一個獨立自存的東西，而是研究者與研究對象互動的結果，但做研究總是要問：這個研究發現是否確實、正確？這就是正統科學中所謂的效度問題，提倡「合作探究」的Reason與Rowan（1981, chap.10）認為：「合作探究」中，具省思力的研究人員的集體經驗，即保證了研究的效度。亦即在合作過程中，所有研究人員（包括了過去所稱的研究者與研究對象）會有一種集體性的與經驗邂逅（a collaborative encounter with experience）的過程，這種過程就是此「合作探究法」的檢測標準，因為研究討論中所提的每一個的實作技能或理論命題，可以說都是來自於集體的經驗，且與集體經驗相符合。所以這種效度反過來倚靠的是合作研究人員的判斷力，Reason 與Rowan（1981）強調這種判斷是一種高品質的、批判性的、自我覺察的、區辨性的、與具影響力的判斷。本研究者認為：其實他們這種效度，類似於正統科學所稱的「專家效度」。只是現在行動研究中的專家，不只是經過學院訓練的教授們，而且也包括參與研究、經過成長的的實務工作者。

用什麼標準來評斷行動研究報告？

行動研究報告應依其強調的特質來評鑑

　　雖然「合作探究」學者提出上述的效度概念，認爲可以用「集體性的經驗邂逅」來保證研究的確實性，亦即他們仍然同意用效度來評斷研究報告，但並非所有行動研究者都同意這一標準的。例如，批判理論取向的學者認爲，評鑑的標準應該是：行動、實踐（praxis）、與該研究發現所具有的歷史定位性（historical situatedness）（Denzin & Licoln, 1994; Kincheloe & McLaren, 1994）。

　　另外後現代（postmodern）與後結構（poststructural）取向的學者，則主張應該要以感情性（emotionality）、主體性的理解（subjective understanding）、對話文本（dialogic texts）、與研究對象建立的長期、信任的關係等，作爲評鑑報告的標準。還有建構主義（constructuralism）學者，主張用値得信賴度（trustworthiness）與眞實性（authenticity），作爲評鑑標準。（Denzin & Licoln, 1994）。

　　本研究者認爲：以上種種顯示的是，越來越多學者主張：行動研究的品質好壞，不應再決定於正統科學觀所謂的「效度」觀念，我們應該依據「行動研究」所揭櫫的特質，來評鑑它的報告品質，例如，和諧平等的研究關係、發展性的對話、眞誠的合作、轉型式的領導、透徹的自我覺察、以及促進社會正義的行動等等。

行動研究如何看待樣本代表性與結果類推性的問題？

代表性與推論性的關係

樣本代表性（representativeness）、與研究結果的類推性（generalizability），是正統科學觀重視的問題。而這兩者是有關係的，因為研究樣本必須具備代表性——能正確代表母群體的特徵，所得的研究結果才會具有類推性——研究結論適用於整個母群體，亦即具有「外在效度」（external validity）。現在很多行動研究者，尤其是要以行動研究獲取學位的研究生，仍然擔心會被質疑這一問題。

研究者若能發現典型樣本的共有特質，其研究結論仍具有推論性

行動研究的研究對象具有代表性嗎？如果以「經由隨機抽樣，才能獲得有代表性的樣本」的標準來看，行動研究的研究對象是不具有代表性的，因為這些對象幾乎都是立意取樣的——隨著研究者實務工作的範圍而被限定的少數個案。但果真沒有代表性嗎？人類學者吉爾茲（C. Geertz）所謂：「不從個案下手，是無法上達真理的」（Wolcott, 1988, p. 203），以認知心理學大師J. Piaget為例，他所發展出的認知發展階段說，最初不正是以自己的孩子為研究對象，所建立起來的？這樣的理論不是適用於所有正常的人類嗎？S. Freud的精神分析理論也是由少數精神病患中，探究出來的。這其中的關鍵是：如果這一個案是一典型樣本，具有母群體的特質；而研究者的興趣也在探究這共有特質，再加上研究者有能力發現這共有特質，這樣由個案研究下手，的確是可以獲得具推論性的結論的。

行動研究就算不能類推至所有人，也仍能類推至一部分人

另外，我們就算不能獲得類推至所有人（或場所）的結論，

也仍然能類推至一部分——與此研究對象有共同特徵的人（或場所）身上，人類學家米德（Margaret Mead）的說法是一針見血的，她認為：問題不是「這一個案具有代表性嗎？」而是「這一個案代表那一類？」（Wolcott, 1988, p. 203）代表哪一類呢？此即有待研究者對個案的普遍性與獨特性，做厚實描述（thick description）了。因為行動研究就是在本土文化進行的，經此厚實描述，同樣身處此本土的讀者（讀者也同是本土文化的參與者），若對研究結果產生共鳴，認為與自己的經驗頗為符合，也就顯示此研究結果能類推至這一讀者了（本研究者認為：這也是一種「參與者查核」），此亦即是將研究結論交由公眾去評斷了，雖然研究的是少數個案，但與此個案同類的讀者，仍然會肯定結果的類推性的。

知識的普效性主張其實是歐洲本位的霸權觀念

有關推論的觀念，還涉及知識論的問題---果然有普遍有效的理論存在嗎？理論應該要具有普遍有效性嗎？正統科學觀的答案是肯定的，但後現代的批判理論學者（Kincheloe & McLaren, 1994）則提出挑戰，他們認為並無普效性的理論存在，理論不應被要求具有普效性。過去認為：學術研究應該找出普遍法則，其實是一種歐洲本位的（eurocentric）觀念，亦即他們所稱的具普效性的理論，其實都是歐美學者建構的，其中隱藏著白種人（主要指男性）的優越感，認為其他社會的人也都應該以此為標準，未達此標準的，即屬於落後的。例如，以政治民主、經濟自由、文化進步為所有社會的發展標準，這其中的「民主」、「自由經濟」、「進步」等概念，其實是在西方文化脈絡中所發展出來的，其他非西方社會原有文化未必即是贊同上述觀念，例如，進步一定好嗎？印度文化並不以為如此，中國文化也並不贊成竭澤而漁、宰制自然與其他物種的科學進步觀，所以用西方的標準去判

斷非西方文化，根本是西方霸權心態。過去所謂具普效性的理論，其實也只適用於西方。

後現代強調多元文化的觀念，認為其他異己文化不是客體（object），而是「他者」（Other），人我並非主客對立，而是與「我」平等的「他」，是應彼此尊重的主體，相對的，由每一文化脈絡中建構出的研究結果，都有其價值，過去所謂具有普效性的大述事（grand narratives）只是西方霸權心態作祟，區域研究建構出來的小述事（small narratives）一樣有效。

行動研究中的幾項關鍵問題

行動探究者應具有怎樣的心智發展，才適合從事協同研究？

教師專業成長要達相當階段，才適合研究自己的行為

所有的行動研究者都要介入研究情境或研究處理（或稱行動改善方案），這一介入無論是讓它自然發展，或是積極引導，研究者的參與所產生的影響力究竟如何──這便需要研究者清楚的覺察。更有些行動研究就是在探究自己的行動（例如，前述的「行動探究」），此時研究人員的自我覺察能力便更重要，因為他是球員兼裁判。而以上多項主題均已提及，研究人員要有透徹的自我覺察、省思、與批判能力，才能保證研究的客觀性、與效度。也已指出：人具有某種程度的自我決定的能力，但這需要協助，這是在一個民主溝通的團體中，可以漸漸引發出的能力。

Torbert（1991）也指出：要作出好的行動探究非常困難，

Torbert建議：一個人要能表現出有效行動之前，必須非常清楚地覺察自我發展（self-development）的程度，亦即知道自己的心智發展程度，這樣才有可能建立起行動科學，裨益有效、正義的行動。 Torbert在討論個人發展的問題時，他引用了傳統上研究統整覺察（awareness）的觀點，以及有關自我（ego）發展的現代理論，尤其是J. Loevinger與R. Kegan的成人心智發展階段的理論（參見表1）。

表1 順序發展階段中的控制機制

階段				控制的機制 Governing Frames	覺察的焦點 Focus of Awareness
	Torber	Kegan	Loevinger		
1	衝動	衝動	衝動	衝動控制反射作用	
2	機會主義者	帝王的	機會主義的	需求、興趣控制衝動	外在世界、結果
3	外交官	人際的	順從者	期望控制興趣	社會期許的行為
4	技術員	（過渡期）	（過渡期）	內部同業的邏輯控制期望	內部的邏輯、思考
5	成就者	機構的	良心的	環境中體系的成功控制同業的邏輯	計畫、實作、與結果的互動
6	策略家	（過渡期）	自主的	原則控制體系	體系環境隨時間發展的綜合理論
7	魔術師	（過渡期）	（過渡期）	過程（原則／行動的互動）覺察控制原則	在永恆現在中覺知、思考、行動、與外在環境的互動
8	嘲諷者	個體之間的	統整的	體系間的發展覺察控制過程	在Kairatic歷史中自我與其他體系的互動

資料來源：Torbert (1991), Reason (1994).

由表1可知：一個人要到發展的後期，才會知道：另外有替代的控制機制存在；才會瞭解人的知覺，包括他自己的知覺在內，乃受預設（assumptions）所塑造，而那些預設是可以檢視、可以改變的。一直要到Torbert所稱的策略家階段，才會有可能出現協同探究（ collaborative inquiry）：亦即他們會在協同探究中不斷省思自己的行動中的行為（behavior-in-action），同時也邀請其他成員也這樣做，和大家一起成長。簡言之，自我發展、覺察焦點、與控制機制都要發展到成熟階段，才能集體完成高品質的省思研究。

對教師而言，教師專業成長要達相當階段，才適合研究自己的行為，省思自己的教學，建立行為科學，與他人合作進行研究。這樣說並不是指老師進行行動研究前，必須花很大的力氣，從頭學習一套自我成長的知能，其實上述那套強調自我覺察的理論，對我們台灣的老師而言，應該並不陌生，因為自我覺察不正是輔導課程中的一項重點？自我覺察的能力需要「在做中學」，老師們當然可以在行動研究中邊做邊學，增進自我覺察的層級。

行動研究領導者應具備怎樣的能力？

研究領導者要能帶領團體在和諧中成長

許多行動研究者帶有強烈的使命感，要來增進社會的正義，這些領導者如何激勵其他參與者，進行發展性的對話，突破原有的沈默文化，還要尊重所有參與者，形成民主氣氛，這便與領導能力有關了。

Reason（1994）強調要對開明領導（enlightened leadership）有所認識。Torbert（1991, chap.5）強調研究過程中，要建立解放性結構（liberating structures），而領導者「轉型性的領導」

（transformational leadership）與平衡力（power of balance）的技巧性運作，乃是必要的。同樣地，Heron（1989）也提出在激勵團體時，無壓力的「精神感召式的領導」（charismatic authority）可帶來一種不斷改變的均衡狀態。本研究者認為：所謂的無壓力、平衡力與均衡狀態，指的是研究團體在各種權力互相制衡中，達到氣氛和諧的境界；而所謂的不斷改變，則意味著不斷地進步，二者結合，即是指研究領導者促使團體「在和諧中不斷進步」。

領導者要與成員進行一種發展性對話

Fals-Borda & Rahman（1991, p. 5）認為：

> 領導者須對工作懷抱一種真正的投入，帶著那些民主的價值觀，敬重該團體的智慧。關鍵則是進行對話，經由對話，傳統科學裡的主對客的關係變為主對主，在辯證的張力下（dialectical tension），擁有正式教育的學術知識的人們，和擁有大眾知識的人們，對於該情境產生出一種更深層的理解。雙方進行著著一種真正合作的過程。

　　上述學者強調的開明領導、人格感召的領導、轉型的領導、發展性的對話等等，意味著研究領導者領導智能的重要。目前國內行動研究多半是由國小校長、主任，或是大學教授在帶領，雖然其中不乏掛名領導，或僅是技術指導性質（目前一校常有三、五項行動研究同時進行，要一名領導者帶領如此眾多研究，雖流於技術指導，也是情有可原的），但今後若要達到行動研究的真正目的：解決實務問題、增進教師專業成長，減少每校研究數量之外，恐怕研究領導者的領導智能應是要著力加強的重點。

知識份子帶領行動研究的弔詭問題何在？

同時強調民主參與與有效領導

　　行動研究固然是由行動者自己進行，行動者中也會漸漸出現領導者。但在推展行動研究的初期，常常仍然需借重學者，這一現象國內外皆然，但這其中卻隱藏著若干問題。

　　M. Singh表示（Reason, 1994）：雖然我們同意：基本上人是自我引導的，也很樂見一般人是利他的、能合作的，但是也必須承認：有很多團體的成員，他們的確可以在參與式探究中受惠，但卻無法參與知識的創造，而這些人可能原來就屬於「沈默文化」的一部分。這顯示：要帶動習於沈默的群眾，考驗著領導者的領導能力。而同時強調民主參與與有效領導，這其中又隱藏著某種緊張關係。這意味著：帶領行動研究的人，必須和這種緊張、這種非常眞實的弔詭現象（paradox）一起共存。

有時必須倚賴知識份子的特權才能帶動改革

　　前述有些行動研究提倡者帶有積極的改革色彩，他們主張重視普通人的知識，強調參與和自我導向對發展的重要性，其中顯示激進的平等主義（egalitarian）。Rahman（1991, p. 20）認爲：「一般來說，社會改革運動是由知識份子所引導，他們的位置之所以能發揮領導的功能，並不是因爲他們所持的某種能力，而是因爲它的社經地位所帶來的特權」。他指出依賴一個菁英領導人，可能有許多危險，本研究者認爲其中與我們教育界較有關的包括：一是知識份子的自我膨脹，二是運動參與者只是投身於表面誘人的熱鬧活動，而這熱鬧是脆弱的。但是Rahman（1991）也表示：弔詭的是，若沒有這樣一種人 —— 他有時間、技能、與熱情投入 —— 的領導，許多帶有強烈改革色彩的行動研究根本不可能

去做，而這種人幾乎無法避免的是特權與有知識的階級。只是過去習於關在象牙塔裡面對書籍的學者們，現在要走入社會面對群眾，其中有待學者們學習的，的確很多很多，包括對其中弔詭與危險的預知，以及前述的領導等能力的培養。

教師行動研究智能的進修課程如何安排？

擅長領導智能、自我覺察訓練的學者應是重要講師

以上問題的討論顯示，行動研究的成功關鍵是領導者的領導能力、激勵能力、政治技巧、溝通能力，還有所有成員的自我覺察能力、自我回省能力，這與過去的學術研究所需的知能，差異甚鉅，當然過去研究所用的調查、觀察等方法，在行動研究中，用來蒐集現況資料、評鑑行動成效仍然有用，但更為關鍵的恐怕是領導方面、與自我覺察方面的智能。

國內在提倡行動研究之際，各校爭相聘請進修講座時，多半考慮該教授是否擅長「教育研究法」，但本研究者認為，擅長領導智能的教育行政學者、管理學者，以及擅長自我覺察訓練的心理與輔導學者，恐怕更是重要的講座人選。這其中也隱含著：為了建立本土教育學、本土行動科學，各個學門領域的學者之間，實有必要共同合作，與中小學老師一起來探究、推動行動研究。

附註

1. 這樣隔離的現象，在處於全球文化邊陲的台灣，變得更為嚴重，因為台灣的學術本有強烈的移植性，台灣學界菁英們偶有與大眾對話機會時，總有意、無意地夾雜著洋文，這一習慣更為加大了學術研究與一般民眾的距離。

2. 同樣一種研究取向，國外常見五花八門的學派名稱，雖然其重點不盡相同，但精神上相近或相同處頗多。本文依行動研究之特色，引用多派文獻，雖然那些學者並不盡自稱為「行動研究者」，但本研究者細究其觀點，若以「研究者與行動者合一，研究問題與行動問題合一，研究目的與行動目的合一」為行動研究的定義，本研究者認為他們均可屬於行動研究。而本研究中儘量使用他們自稱的門派，以免讓讀者將本文所提所有學者，混為一派，因為這些門派之間雖有所同，但也確有其異，本文不想用一個行動研究概稱所有學者，以免混淆視聽，形成錯誤認知。

3. 不過要提醒的是，本文中作這樣的互換，並非顯示台灣目前所做出的行動研究，都已實踐了參與的精神，可能目前行動研究在台灣尚屬初始推廣階段，學界與教育界都仍在摸索、嘗試中，有不少教師作出來的行動研究仍然與過去的學院式報告相似，並未顯示參與的精神

4. Heron（1981）原來提出的三種知識，依序是經驗知識、實作知識、與命題知識，本研究為顧及文脈順暢，將命題知識提至第一類先作說明。

參考書目

中文部分

方志華（民90），關懷倫理學在新世紀的教育實踐。發表於私立銘傳大學主辦：新世紀、新思維國際學術研討會。

成虹飛（民90），行動研究的書寫與閱讀─困境與可能性（阿美與阿花的對話錄）。

http://www.tiec.tp.edu.tw/research/teacherbook/teacherbook105/9.htm。

張芬芬（民82），人種誌研究中七項常受質疑的方法論問題，《初等教育學刊》，2，24-31。

陳伯璋（主編）（民75），《教育研究的新取向》。臺北：南宏。

陳惠邦（民90），教育情境中的行動研究，http://163.25.252.2/info/

項退結（編譯）（民65），《西洋哲學辭典》。台北：先知。

歐用生（民83），教師即研究者，《研習資訊》，11（2），1-6。

英文部分

De Roux, G. I. (1991). Together against the computer. In O. Fals-Borda & M. A. Rahman (Eds.), *Action and knowledge: Breaking the monopoly with participatory action research*. New York: Intermediate Technology/ Apex.

Fals-Borda, O.(1982). Participatory research and rural social change. *Journal of Rural Cooperation*, 10, 25-40.

Fals-Borda O. & Rahman, M. A. (Eds.), *Action and knowledge:*

Breaking the monopoly with participatory action research. New York: Intermediate Technology/ Apex.

Freire, P. (1970). *Pedagogy of the oppressed.* New York: Herder & Herder.

Freire, P. (1982). Creating alternative research methods: Learning to do it by doing it. In B. Hall, A. Gillette, & R. Tandon (Eds.), *Creating knowledge: A monopoly? Participatory research in development.* New Delhi: Society for Participatory Research in Asia.

Habermas, J. (1972). *Knowledge and human interests; Theory and practice; Communication and the evolution of society* (J. J. Shapiro, Trans.). London: Heinemann.

Heron, J. (1981a). Experiential research methodology. In P. Reason & J. Rowan (Eds.), *Human inquiry: A sourcebook of new paradigm research.* Chichester, UK: John Wiley.

Heron, J. (1981b). *Philosophical basis for a new paradigm. In P. Reason & J. Rowan (Eds.), Human inquiry: A sourcebook of new paradigm research.* Chichester, UK: John Wiley.

Heron, J. (1992). *Feeling and personhood: Psychology in another key.* London: Sage.

Kincheloe, J. L. & McLaren, P. L. (1994). Rethinking Critical Theory and Qualitative Research. In N. K. Denzin & Y. S. Lincoln (Eds), *Handbook of qualitative research.* (pp. 138-157) New York: SAGE.

Maslow, A. (1968). *Toward a psychology of being.* New York: Van Nostrand.

Quantz, R. A. (1992). On critical ethngraphy (with some postmodern consideration considerations). In M. D. LeCompte, W. L. Millroy, & J. Preissle (Eds.), *The handbook of qualitative research in education* (pp. 447-505). New York: Academic Press.

Rahman, M. A. (1991). Glimpses of the "Other Africa." In O. Fals-Borda & M. A. Rahman (Eds.), *Action and knowledge: Breaking the monopoly with participatory action research.* New York: Intermediate Technology/ Apex.

Reason, P. (1994). Three approaches to Participatory Inquiry. In N. K. Denzin & Y. S. Lincoln (Eds), *Handbook of qualitative research.* (pp. 324-339) New York: SACE.

Reason, P., & Heron, J. (1986). Research with people: The paradigm of co-operative experiential inquiry. *Persona Central Review*, 1, 456-475.

Reason, P., & Rowan, J. (Eds.). (1981). *Human inquiry: A sourcebook of new paradigm research. Chichester*, UK: John Wiley.

Reinharz, S. (1992). *Feminist methods in social research.* New York: Oxford University Press.

Rogers, C. (1961). *On becoming a person.* London: Constable.

Rogers, C. (1969). Freedom to learn. New York: Charles Merrill.

Skolimowski, H. (1992). *Living philosophy: Eco-philosophy as a tree of life.* London: Arkana.

Tandon, R. (1989). Parcipatory research and social transformation. *Convergence*, 21(2/3), 5-15.

Torbert, W. R. (1981). Why educational research has been so uneducational: The case for a new model of social science based on collaborative inquiry. In P. Reason, & J. Rowan (Eds.).

(1981). *Human inquiry: A sourcebook of new paradigm research*. Chichester, UK: John Wiley.

Torbert, W. R. (1991). *The power of balance: Transforming self, society, and scientific inquiry*. Newbury Park, CA: Sage.

Vidich, A. J. & Lyman, S. M. (1994). Qualitative methods: their history in sociology and anthropology. In N. K. Denzin & Y. S. Lincoln (Eds), *Handbook of qualitative research*. (pp. 23-43) New York: SAGE.

Wolcott, H. (1988). Ethnographic research in education. In Jaeger,R. M. (Ed.) *Complementary methods for research in education*. (pp. 185-250) Washington, D.C.: American Educational Research Association. 185-250.

第二章
學校本位課程發展與行動研究

陳伯璋

前言

　　學校本位課程發展意味著課程決定權的下放，及學校革新與教師專業自主發展的可能。然而面對校內外資源與人力的投入，以及績效責任的評鑑，教師們的確面臨著許多的挑戰。Dalton 提及：課程改革的實施是在獨特、複雜情境的教與學過程中，校長、老師、父母與學生將不同的生活經驗、價值與意識形態帶到情境之中，經由衝突、協商、適應、對話與妥協的過程（Dalton, 1788）。因此就人力而言，教師可能無法獨立做好課程發展，而是需要一個具有學習型組織的團隊合力完成。若就運作的過程，則由問題引發→思考（與反思）→行動→修正（或解決）問題，此一歷程乃成為一循環作業的機制。換言之，學校本位課程發展需以「行動研究」為導引，來解決課程教學的問題。因此本文乃就學校本位課程發展的性質來說明行動研究的必要性。

學校本位課程發展的性質

　　學校本位課程發展，是以學校為中心，在官方課程綱要規範下，結合校內外資源，在教師專業自主以及透過民主參與的過程，進行課程的設計、實施與評鑑的工作。它是源自各國學校教育改革的反思及熱心「學校重建運動」（movement to restructure school）的產物。尤其是在「學校本位經營」（school-based management）的帶動下逐漸產生的。至於它與傳統課程發展之區別，參見表1（張嘉育，民88）

表1 學校本位課程發展的特點　（張嘉育，民88）

項目	學校本位課程發展	中央一邊陲課程發展
課程目標	以發展符合學生、學校或地方等特殊需要的課程方案為目標	以發展全國共同、一致的課程方案為目標
參與人員	所有的課程利害關係的人士，均有參與課程發展的權責。因此學校成員與校外人士均可參與課程發展	課程發展是學者專家的權責，只有校外的學者專家有權參與課程發展
課程觀	課程及教育情境與師生互動的過程與結果	課程即書面的課程文件，是計畫好的課程方案
學生觀	學生不但有個別差異，也有主動建構學習的能力，課程得因應學生需要進行調整	學生無個別差異，是被動的學習個體，課程可以在事前作好詳細、完善的計畫
教師觀	教師是課程的研究者、發展者與實施者，教師有主動詮釋課程、發展課程的能力	教師僅是課程的實施者，教師的職責就是依照設計好的課程方案加以忠實的呈現

　　由上列課程發展特點的比較，事實上可歸納學校本位課程發展為三個重要特色：

課程決定權以學校為中心

　　學校本位課程發展是課程決定權下放的必然結果，學校正如同個體適應性的發展一樣，他應有權力及自主權來塑建他的特色，而且因地制宜。以往「全國性課程」之所以產生「上有政策，下有對策」，而無法落實教育改革的成效，主要的就是無法適應各地各校的差異性。這種由中央決定與地方執行的「中央一邊陲」支配與統制，使得教育的活力與創造力盡失。當然所謂以學

校為中心，並不意謂著「一切皆可為」（anything goes）。中央對課程綱要訂定實施的基準，仍是必要的規範，在此監督之下，學校可適切發展其課程的特色。

課程與教學的進一步結合

教學是教師的基本職責，然而傳統以來，教什麼（即課程）常不是教師可以置喙的，教師只是課程或教材的消費者，因此沒有能力（deskill）發展課程。學校本位課程發展，就是要教師重新恢復課程研發的「武功」（reskill），進而提昇其教育專業的能力與地位。換言之，在「如何教」（how to teach）之外，加強「教什麼」（what to teach）即與學習結合，才能使專業成長提昇，進而對教學做出更積極的貢獻。教學與課程應是一體兩面不宜分開。

民主參與多元價值的型塑

教育是眾人之事，除了尊重專業之外，家長社區及社會的充分參與，也是教育成功的要素，學校不必，不應該也不可能擔負所有的教育責任，以學校為中心，而允許相關關心教育人士的參與，才能結合更多的資源，有利學校教育的推展。在民主參與中，各種不同利益的考量，意識形態的爭議，多元價值的激盪，可能有利於「市民社會」（civil society）民主素養的涵育，一旦學校成為一個民主化的「學習社區」（learning society），社會及國家進一步的民主化才能成功，畢竟學校是社會的一個縮影，有怎樣的學校，就有怎樣的社會。

知－思－行的「行動研究」取向

教師在課程發展過程中，已不再是「忠實」的know how的角色，他要從教學情境去反省並與同儕及學生共同建構學習內容，因此他在學校本位課程中，應扮演既是「研究者」，也是「行動者」的角色。就前者而言，教師遇到課程與教材的問題時，不是交給學科專家或書商，而是在實際教學情境中，進行研究，以求問題之解決，此即L. Stenhouse所稱的「教師即研究者」（teacher as researcher）。就後者而言，教師應依據研究的結果化成課程行動的計畫、策略和步驟（蔡清田，民89，頁282）。然後從實踐過程中不斷修訂原擬訂的課程內容和實施方法。

由上分析看來，學校本位課程發展著重：（1）學校對課程決定的自主權；（2）課程與教學的密切結合；（3）多元而民主的參與；（4）以行動研究為導向。若以教師角色的調整而言，學校本位課程發展過程中，教師應成為核心，而以新的角色來面對新的要求。

學校本位課程中的教師角色

學校本位的課程發展中，不僅強調教學專業的重要性，更是課程決定權下放必然的反映。就專業需求而言，以往教師在傳統「由上而下」的課程發展模式影響下，其課程設計及研發的「武功」逐漸式微，此即課程學者所稱之「專業技巧喪失」（de-skill）。因此，學校本位課程發展，正式讓教師再恢復「武功」（re-skill），並提昇其專業能力與地位。再就課程決策權力下放而言，教師、家長、行政人員、社區人士，一同「參與」課程發展，共同為學

生學習設計，而不是讓教育部背負成敗責任，那麼學校也才可能成為真正符合社區所需的「市民社會」的縮影，而對民主素養的涵育，做出積極的貢獻。換言之，學校本位的課程發展，將會活化課程參與者的角色，更提昇教師專業能力。

從上述教師角色的轉變，配合學校本位課程改革的需要，歸納教師今後在課程發展中應扮演的角色略述如下：

學校課程的「設計者」（designer）

依據「九年一貫課程綱要」中實施原則的規範，提及未來在學校課程實施中，各校依教學需要可以自編教材，另一方面由於授課時數的彈性大，單元活動設計以及教師教學的自主性增加，都使得教科書僅能做為教學活動中的參考資料之一，而非唯一的依據。因此過去「趕進度」的不正常現象，當迎刃而解。此外像運用多媒體科技及資訊網路融入各科教學，亦可減輕對教科書的依賴，並可滿足學生們學習的興趣。因此教師在「學校本位課程」發展中，將更為主動設計課程，以符合個別化教學及學生適性發展的需要。

課程改革的「行動研究者」（action researcher）

課程發展不是一種機械的程序或是單向的統制關係，而是一整體性和系統性的有機組合。其中牽涉到學生的特性、需求，目標的合法性，實施方法及評鑑的合理性，以及其他配合條件的考量，可說是相當複雜。因此透過且做、且研究、且修正的過程是必然的。教師在此過程中，將課程理論、教學經驗，將課程轉化為可教的教材，在班級的實踐中。做為下一階段課程實施的依據，可說是一位名符其實的「行動研究者」，今後這種角色將益形

重要。

課程發展的「協調者」（negotiator）

課程發展常牽涉到價值，意識形態及權力的問題，因此各種觀點的衝突、矛盾與抗拒，也就不可避免。其次「學校本位課程發展」也會因各種教育資源的分配、教師、社會人士參與程度的不同，必須有一協調的機制，才能提供課程發展有利的條件。教師做為各種價值、資源分配的協調者，是相當重要的。再者，由於九年一貫課程的實施，教師與學生的「相互主體」（intersubjectivity）關係，教師也必須扮演知、情、意學習的協調者，讓學生能在受尊重及顧及適性的前提下，開展其潛能。

課程改革的「推動者」（change agent）

傳統以來課程改革大都由教育部或學者專家主導，採取由上而下的改革模式，教師們總是站在被動執行的角色，而且產生「上有政策，下有對策」的回應。然而課程改革如同教育改革，若要產生永續經營的機制，其最終必須回到系統內激發改革的動力和熱情，因此教師在學校組織中，應轉為教育改革的推動者，主動、積極地與行政人員及社區產生良性的互動關係，這可以塑造有利於課程發展條件，同時也爭取更多的教學資源，提昇教學的品質。

總之，教師將成為學校課程發展中的「發展者」、「行動研究者」、「協調者」與「推動者」的多種角色，這對教師的確是一重大的挑戰，但若能實踐成功，相信教師專業自主性的提高，以及專業地位的提昇是有助益的。

行動研究在學校本位課程發展中的意義

　　行動研究是近幾年來，教育研究的重要發展趨勢，以往教育改革之所以被譏諷為「紙上革命」，主要就是教育理論與實踐的鴻溝太大，理論（或理想）無法說明教育事實，教育實踐也不能用來檢證和修正理論。行動研究就是在於修補理論與實踐，理想與現實的間隙，其研究在於解決當下個殊的問題，或局部修正理論。教師在行動研究中，由於協同研究的精神，也更能產生問題意識及不斷充實研究的知能，因此，七〇年代以後教師作為「行動研究者」，不僅有利於教師專業發展，更提供教師課程設計與發展的空間。這對學校本位課程發展是有利的。

　　茲就行動研究的特性來說明其對學校本位課程發展的意義。

協同合作、民主參與與社會建構

　　行動研究雖可由個別教師單獨進行，但行動研究的功能發揮，卻是在相關人員共同協調與合作中才能充分展現。換言之，它在學習型組織機制的運作下，才能促進教師的「增權賦能」（empowerment），並使學校整體革新成為可能。在過去教育研究中，無論是質化或量化研究，大都以個體研究者為主，即使是研究小組的組成，教師大都扮演「助手」的角色，然而行動研究的「協同」，不僅是一複雜的動力歷程，同時也代表民主參與、彼此瞭解，共同決定和行動的意義。（陳惠邦，民87，頁136）若就研究成果（或知識）而言，它是社會動態過程中，大家共同建構和分享的。

　　學校本位課程發展強調課程是由教師們組成班群，在教學上以「協同教學」（team teaching）方式進行，擺脫過去單兵作戰的

模式，同時在學習型組織（例如，成長團體、讀書會等）的激勵中，開展「群組知能」（organizational intelligence），使教師們不再是知識（或教材）的消費者，而可以逐漸在群組的努力下變成知識的生產者，而且能不斷獲得「增權賦能」，並提昇教師專業成長。

因此以行動研究來促進學校本位課程發展，不僅可將學校成為一個向心力極強的社群，同時也有利於自由、平等、多元而開放的學校文化形成。

研究－行動（知與行）的循環檢證

以往教育研究和行動是分開的，教師只是研究成果的執行者，只知how而不問why，長期發展的結果，造成理論的空疏，以及盲目被動的行動，缺乏反省、批判與建構知識的能力。Carr & Kemmis（1986）提出：透過現實的批判與反省，教師才能從其信念、意識形態走出，而獲得解放的心靈。換言之，教師的實踐行動要以反思為起點，同時透過協同性的研究，共同建構課程與教學相關的知識。而此一過程就是「知－思－行」，不斷辯證的過程。（陳伯璋，民77，頁126-131）Cohen & Manion（1985）則以圖1「問題的形成→問題診斷→行動方案（治療、處方）→行動→問題的解決或問題的再形成」的循環過程來說明行動研究的性質。國內學者蔡清田教授則提出另一詳細的「教育行動研究循環歷程」。（見圖2蔡清田，民89，頁81）

由上分析可知，行動研究是一「知、思、行」循環檢證和以問題解決為主的研究方法，同時也是一種認識和解決教育問題的態度（協同合作）和素養（民主參與）。學校本位課程發展，基本上也是由學校相關的人士（教師、行政人員、家長、社區人士及學生）共同來建構課程的內容和實施的方式，從教材與教學的選

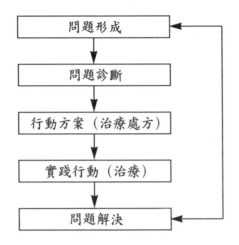

圖1 Cohen & Manion行動研究歷程圖

取、進行及評鑑，也可看出一個「行動研究」的歷程。Oja &
Smulyan（1989）將課程行動研究分成七個步驟（蔡清田，民
89，頁162-163）：（1）發現課程問題；（2）界定與分析課程問
題；（3）擬定課程計畫；（4）蒐集課程資料；（5）修正課程計
畫；（6）實施計畫；（7）提出評鑑報告。Skilbeck則以行動研究
的過程來進行學校本位課程的發展（Skilbeck, 1984）（參見圖3）。

　　由上述分析來看，學校本位課程發展的確可透過行動研究，
發展出具學校特色的課程，而在過程中，亦可在團隊合作分工的
氛圍中，增進教師課程發展及專業自主的能力。同時也有利於學
校整體的革新。

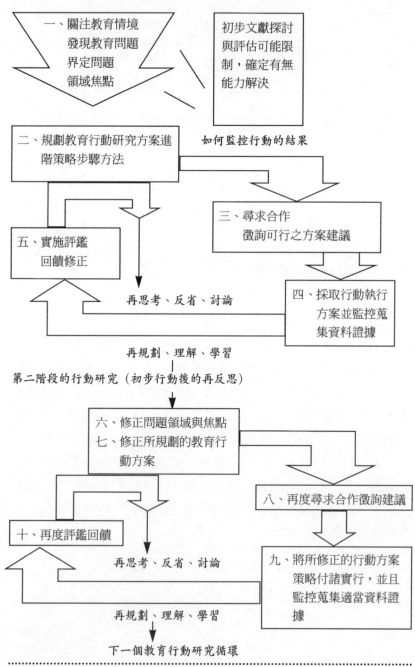

第一循環的行動研究（初步行動中的反思）

一、關注教育情境
　發現教育問題
　界定問題
　領域焦點

初步文獻探討
與評估可能限
制，確定有無
能力解決

二、規劃教育行動研究方案進
　階策略步驟方法

如何監控行動的結果

三、尋求合作
　徵詢可行之方案建議

五、實施評鑑
　回饋修正

再思考、反省、討論

四、採取行動執行
　方案並監控蒐
　集資料證據

再規劃、理解、學習

第二階段的行動研究（初步行動後的再反思）

六、修正問題領域與焦點
七、修正所規劃的教育行
　動方案

八、再度尋求合作徵詢建議

十、再度評鑑回饋

再思考、反省、討論

九、將所修正的行動方案
　策略付諸實行，並且
　監控蒐集適當資料證
　據

再規劃、理解、學習

下一個教育行動研究循環

圖2 教育行動研究循環歷程（蔡清田，民89，頁81）

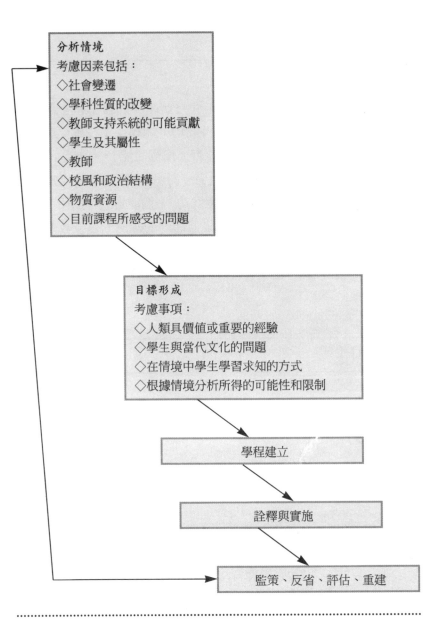

分析情境
考慮因素包括：
◇社會變遷
◇學科性質的改變
◇教師支持系統的可能貢獻
◇學生及其屬性
◇教師
◇校風和政治結構
◇物質資源
◇目前課程所感受的問題

目標形成
考慮事項：
◇人類具價值或重要的經驗
◇學生與當代文化的問題
◇在情境中學生學習求知的方式
◇根據情境分析所得的可能性和限制

學程建立

詮釋與實施

監策、反省、評估、重建

圖3 Skilbeck的學校本位課程設計模式（1984）

展望

　　「九年一貫課程」即將於今年九月新學年起自小學一年級實施，而這一劃時代的課程改革能否成功，端賴「學校本位課程發展」是否能落實，其關鍵是教師能否「增權賦能」，從被動的教材消費者，成為課程設計者及生產者。「沒有教師專業成長」就「沒有課程發展」，而教師的「恢復武功」，倘能透過行動研究，針對課程內容（含目標）與綱要，學習活動的規劃、以及教學評鑑加以研究並整合相關人力、物力，在多元參與與團隊合作下來發展課程，那麼不僅課程改革能成功，同時也將學校革新帶上一個新的里程。

參考書目

中文部分

李子健、黃顯華（民85），《課程：範式、取向和設計》。台北：
　　五南。

陳伯璋（民90），《新世紀課程改革的省思與挑戰》。台北：師大
　　書苑。

陳伯璋（民77），《教育研究方法的新取向》。台北：南宏。

陳惠邦（民87），《教育行動研究》。台北：師大書苑。

張嘉育（民88），《學校本位課程發展》。台北：師大書苑。

黃光雄、楊龍立（民89），《課程設計》。

黃政傑（民79），《課程設計》。台北：東華。

歐用生（民89），《課程改革》。台北：師大書苑。

蔡清田（民89），《教育行動研究》。台北：五南。

饒見維（民85），《教師專業發展》。台北：五南。

英文部分

Carr, W. & Kemmis, S. (1986). *Becoming Critical*. London: Falmer.

Cohen, L. & Manion. L. *Research Methods in Education*. London: Croom & Helm.

Dalton, T. H. (1988). *The Challenge of Curriculum Innovatio*n. London: Falmer.

Skilbeck, M. (1984). *School-based Curriculum Development*. London: Harper & Raw.

Stenhouse, L. (1980). *Curriculum Research & Development in Action* London: Heinemann.

第三章

學校行動研究在九年一貫課程統整與實施上之應用

林素卿

前言

　　近年來資訊發達，社會快速變遷，為使國民中小學課程能適應時代變遷及青少年身心發展需要，教育部遂於八十六年四月成立「國民中小學課程發展專案小組」進行「國民教育階段九年一貫課程綱要」的研訂工作，其修訂的主要原則有五：重視中小學課程的一貫性與統整性、以學習領域與統整教學為原則、以基本能力為核心架構、規劃國小實施英語教學、以及縮短上課時數與建構學校本位課程，並於八十九年十二月十四日召開「國民中小學課程修訂審議委員會」，會中決議國民小學一年級自九十學年度開始實施九年一貫課程，而國民中學則自九十一學年度開始實施。

　　隨著九年一貫課程的實施，將賦予學校、教師更大的課程自主空間與權責，課程的發展將從過去的「中央-邊陲」發展模式轉變而成考量地方、學校與學生特殊需要，且由學校教師主導的「學校本位課程發展」（school-based curriculum development）模式（教育部，民89）。面對九年一貫統整課程與學校本位課程發展的問題，學校與教師必須透過反省、探究、發展出適宜的課程。杜威（1916）認為反省（reflection）、探究（inquiry）、和教育是不能分開的。反省與探究會使教師對教育有更寬廣與更深入的瞭解，進而採取明智的行動。相反的，教育如缺少了反省和探究的過程，將使教育可能成為錯誤的試驗、一成不變或善變的行為。九年一貫課程發展的工作極為繁重，且影響教育尤劇，各校教師必須依據其學生、學校或地方的特殊需要，規劃適宜課程，從課程目標的決定、內容選擇組織、評鑑方式，甚至教材資源的建立，都需要學校成員團體的參與、合作與對話，不訴諸主觀的個

人判斷。基此，反省（reflection）與探究（inquiry）更不能與課程發展分開，學校必須強調行動研究，亦即「每位教師即行動研究者」的理念。

行動研究是一種自我反省的探究，是一種由從業人員，在社會的情境中，為了改進他們工作的實務及對這些實務的瞭解，和解釋實務所發生情境的合理性和公平性，而產生一種自我反省探究的形式。在方法上，包括：計畫、行動、觀察、和自我反省等活動，其特色是活動與活動之間呈一螺旋式的循環（Carr, 1986）。根據Noffke & Zeichner（1987）的研究發現，參與行動研究的教師，能培養反省的氣質；在理論與實際之間，發展出更一致性和更多的連貫性；且能擴大教師在教學、學校教育和社會方面的視野。基此，筆者認為因應九年一貫統整課程之發展實施，應重視教師與學校的自我反省與理解，以求共同解決學校教育之實際問題，做正確合理的教育決定，而學校行動研究即是一種很好的途徑。本文首先簡介行動研究的意義與特色、途徑與基本歷程、課程統整意義與模式，其次，探討學校行動研究於課程統整與實施之應用，以下逐一敘述。

行動研究的定義與特色

許多學者對行動研究提出不同的界定（例如，Adelman, 1993; Kemmis & McTaggart, 1988; Mckernan, 1991; Butt, 1989），如John Elliot（1981）將行動研究界定為從業者為改進其工作情境內部活動的品質，所從事的研究，其目的不以書寫研究報告，或出版作品為主，而是在於尋求他們對於事件、情境、和問題的理解，進而增加他們解決實際問題的有效性（Mckernan, 1991）；Wilfred

Carr 從批判一解放的觀點（1986）出發，界定行動研究是一種自我反省的探究，是一種由從業人員在社會的情境中，為了改進他們的教學的實務及對這些實務的瞭解，和解釋實務所發生情境的合理性和公平性，而自我反省探究的一種形式。在方法上，包括：計畫、行動、觀察、和自我反省等活動，其特色是活動與活動之間呈一螺旋式的循環（Carr, 1986）。

與其說行動研究是某一特定的研究方法，無寧說是一種研究的態度。James Mckernan支持此觀點，界定行動研究是一種反省的過程，是一種對已知問題的探討，去解決問題或增進個人對問題的理解。這種探究是由從業者所執行。其步驟包括清楚地界定問題；詳加敘述行動計畫；評鑑行動策略的有效性；及參與者反省、解釋、和其他社群溝通研究的結果。換言之，行動研究是從業者為了改進實務而從事系統的、自我反省的探究。探究最終的目在於瞭解，而瞭解是行動研究的基礎（Mckernan, 1991）。James Mckernan在此強調兩個基本的觀點：（1）行動研究是科學的、嚴謹的、系統的探究過程；（2）行動研究是參與者對過程和結果批判的反省。

行動研究包括三點基本理念：經歷真實情境的人，是研究與探索的最好人選（參與者即研究者）；（人類的行為深受其所發生之真實情境的影響；質的研究法可能是最適合用於自然情境的研究方法（Mckernan, 1991），以下分別說明。

教師即研究者（teacher as researcher）。行動研究基本理念之一：「經歷真實情境的人，是最好研究與探索的人」（Mckernan, 1991, p. 5），在學校教育的場域中，教師每天置身於教室的真實情境中，應是其專業問題的最好探究者。透過探究，教師可以改進他們的教學技巧與實務，進而自我反省與批判。教師即研究者是

起源於「場域研究」（field study）或個案研究 （case study）的研究典範。此理念之提倡是因爲傳統的「基礎研究」（basic research）和老舊的基礎教育 （foundation of education）訓練，已無法解決實際教育的問題，因此，鼓勵教師從事研究工作。

對自然情境與實務的洞察 （the naturalistic and practical perspective）。行動研究基本理念之二：「人類的行爲深受其所發生之眞實情境的影響」（Mckernan, 1991, p. 6） 或許有人會問：「情境如何影響行動者？」，「究竟是什麼樣的角色、傳統、或規範使該行爲發生？」，這些答案，唯有身歷其境者方能清處意識。換言之，學校文化中的行爲模範和角色期望，只有教師才明瞭，外來的研究者是無法深入洞悉。因此，在此基本原理下，行動研究的其中一個主要前題，就是行爲必須在場域中研究，且爲從業者所研究。

場域研究和質性的研究法是主要的研究方法 （the primacy of field study and qualitative methodology）。場域研究尋求瞭解和描述，而不在於某種結果的測量和預測，強調啓發、寫實與關聯。這類型的研究亦被稱爲「事後的」（ex post facto）研究。部分符號互動和現象學信念的研究者認爲：「一個人不能瞭解人類的行爲，除非，他（她）瞭解行動者如何建構他們的思想、信念、及行爲的架構」（Mckernan, 1991, p. 7）。質的參與觀察者將自我的感覺、對環境的敘述、和個人主觀的價值列爲首要。單單蒐集事實和感覺是不夠的，研究者必須設身處地去詮釋所看到的現象。允許資料的自然產生，沒有任何先入爲主的理論或勉強的架構去主導研究；尋求事件意義。

除上述基本理念外，Herbert Altrichter，Peter Posch，Bridget Somekh（1993）在《教師動手做研究》（*Teacher Investigate Their Work*） 一書中指出，行動研究具有以下幾種特色：

1.行動研究始於實際的問題，而這些問題起源於每天教育工作中。

2.行動研究必須考慮學校教育的價值和教師工作的情境，進而促成這些價值進一步的發展和工作情境的改善。

3.行動研究提供研究和改進實際教學情境的方法和策略。

4.特定的研究方法或技巧不是行動研究的特徵，行動研究的特徵是一種繼續的、緊密地連結，涉及對行為的反省。換言之，為了發展行動策略，個人必須不斷地、努力地、仔細地考慮個人意識及非意識的行為，並透過反省選擇行動策略，及考驗所選擇的策略。

5.每個行動研究的計畫有它本身的特色，所以並沒有統一的模式。因為統一的模式可能會限制行動研究之研究途徑的多樣性。不過，從不同行動研究中可歸納出一些典型的階段與過程，例如，尋得研究的起始點；釐清情境；發展、觀察、反省行動的策略並付諸實行；公開研究後所得之知識（Altrichter, et al., 1993）。

綜合上述，行動研究是場域中的人，在場域中所從事的研究，研究的問題是由研究者本身所確定的，而非專家學者。行動研究所關心的實際問題，不是抽象的概念。它牽涉到有關真實的、有形的、具體的、特定的人於特定的情境中的特定的實務，強調研究功能與實務工作的結合。行動研究不侷限於特定研究方法或技巧的使用，行動研究歷程方法特色是活動與活動之間呈一螺旋式的循環，是一種繼續的、緊密地連結，涉及對行為的反省，典型的階段與過程，為尋得研究的起始點、釐清情境、發展、觀察、反省行動的策略並付諸實行、公開研究後所得之知識。

行動研究的途徑與基本歷程

行動研究有三種途徑（approaches），包括：個人的行動研究（individual action research）、協同行動研究（collaborative action research）與全校性行動研究（school-wide action research）等，茲分述如下：

個人行動研究：行動研究是一種自我反省的探究，是一種由從業人員（就教育而言，就是指教師），在社會的情境（就教育而言，指教學的情境）中，為了改進他們工作的實務及對這些實務的瞭解、和解釋實務所發生情境的合理性和公平性，而產生一種自我反省探究的形式。在方法上，包括：計畫、行動、觀察、和自我反省等活動，其特色是活動與活動之間呈一螺旋式的循環（Carr & Kemmis, 1986）。其過程如圖1所述，此不贅述。

協同行動研究：協同行動研究可針對單一班級的問題，或者同一問題發生在許多不同班級之中進行研究。研究小組的人員可能是由二人所組成的，也可能包括數位教師、行政人員、大學教授、或其他校外單位的人員，只是這些小組的成員，如同個別研究教師一樣，遵循相同的探究和反省的循環—計畫、行動、觀察、和自我反省等活動（Calhoun, 1993）。協同行動研究強調參與研究的教師及研究人員將自我的感覺、對環境的敘述、及個人主觀的價值列為首要。因此，參與研究的人員不僅在蒐集事實和描述感覺，而且必須設身處地詮釋所看到的現象，尋求事件本身的意義。其歷程包括：清楚地界定問題、詳加敘述行動計畫、評鑑行動策略的有效性、及參與研究者的反省、解釋和發表研究的結果（Carr, 1986; Mckernan, 1991）。

全校性行動研究：全校性的行動研究是指學校內的全體教職員針對某個主題、領域或關注的問題，提出研究的計畫、蒐集、組織、和詮釋現場實地的資料（on-site data），其目有三：（1）企圖改善組織，將組織視為問題改進的實體（a problem-solving entity），並透過計畫、行動、觀察、和反省等重覆循環的過程，希望全體教職員成為較有能力與他人共事，一起界定問題，進而解決問題；（2）企圖改進不公平的現象，期望學校的措施對所有的學生是合理公平的；（3）企圖增加學校探究的氣氛和具體從事研究的能力（Calhoun, 1993）。

　　根據Altrichter等人（1993），行動研究主要分為四個基本階段。以下分別就這四個階段加以說明（如圖1所示）。

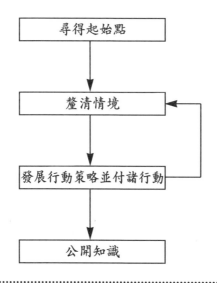

圖1　行動研究的階段

資料來源：Altrichter, et al.,1 993, p. 7

尋得起始點：典型研究的起始點開始於差距的經驗。差距的經驗可能是期望與真實發生點的差距；現在的情境與一般價值的傾向或目的的差距；或者人與人之間對同一情境觀念的差距。行動研究開始反省這些差距，且試著去減少認知差距的產生。如何去尋得研究的起始，可從幾個方面著手。例如，從教師實際經驗著手。想想您當老師實際的經驗，有哪個問題，是您長久以來一直想要探究的？有哪個情境造成您教學或學生學習的困難，您想有效地去解決？從教學日誌去尋找；從教學的情境去分析，例如什麼問題常常出現在您教學的情境中？為什麼某個學生上課老是無精打采？為什麼當您用傳統的講述時，學生反應總不如您用角色扮演來得有趣。又如當某一情境發生了，您可能會問：什麼因素造成這個情境！誰造成的? 為了要瞭解這情境，甚麼背景因素是特別重要的？

釐清情境：釐清情境的階段，最主要包含三個部分：澄清研究的起點、蒐集資料及分析資料。澄清研究起點的方法很多，例如，利用與朋友或不同團體的對話。在這對話中，研究者儘可能對其研究的問題、構想提出詳細的說明。與之對話的朋友或團體儘可能的提出問題，要求研究者說明，但不要表達個人的價值判斷或告訴研究者該如何進行研究。亦即，不要試著主導研究的方向或方法。

蒐集資料的方法很多，例如，文件的分析 （document analysis），從文件中可以獲得一些與研究問題有關的訊息。分析文件包括：課程表和工作計畫、用於考試的報告或測驗、會議記錄、工作卡和任務分配的資料、教科書的章節、學生的作業簿等（Elliot, 1991）。其他的方法還包括：日誌、上課情境的札記、照片、錄影帶、錄音帶、觀察、訪談、三角測量等等。資料分析的方法很多，其中資料分析建構性的方法（constructive methods of data analysis） 和資料分析批判性的方法（critical methods of data analysis）最常被使用。資料分析建構性的方法，首先摘要所蒐集到的資料，例如，在什麼情境下蒐集？爲什麼蒐集？用什麼方法蒐集？這份資料最重要的事實是什麼？有什麼特別之處？其次，將所收集的資料分類，並根據類別登錄資料，例如，哪些資料是屬於教學法的資料？哪些資料是屬於師生互動的資料？哪些資料是屬於學生反應方面的資料？最後，量化的處理，哪些類別的資料出現的次數有多少？以上是屬量化的統計。在資料分析批判性的方法方面，其分析應包括：檢核支持任何發現證據的信度，及尋找任何反對它的證據。

發展行動策略並付諸實踐：研究要如何找到各種適用的行動策略？可從以下幾方面著手：對教學情境分析，所獲得的新理解、從實際蒐集資料的過程、從教育目標及價值的探討、從與同僚的討論、從別人如何處理類似情境、從書本或文獻的建議中去發展行動策略。發展行動策略並付諸實踐後，研究者必須觀察、自我反省、批判其行動策略及實踐的情形，檢視行動後的結果，如未能解決所提出的問題，必須再回到釐清情境的階段，澄清問題、蒐集資料、分析資料。之後，再發展行動策略並付諸實踐。如未能解決所提出的問題，必須再重複以上的步驟，直到問題得到解決。

公開知識：爲何公開知識很重要？因爲公開發表可讓其他教師分享研究成果、使教師研究的知識免於被遺忘、讓教師在寫作發表知識過程中，增加其反省教學的品質、使教師在專業成長上扮演積極的角色、使教師強化自我專業的自信及地位。基於上述的優點，行動研究鼓勵教師公開他們從研究中所建構的理論和知識。

課程統整意義與模式

　　學生的學習不能孤立於生活之外，或與實際生活脫節，所以應該重視學科與學科之間的關聯性。然而隨著知識的發展，分科愈來愈細，學生也慢慢偏重於各學科的學習，但各學科的學習加起來並不等於整體的學習，於是這種學科式學習受到了批判，認為學習內容過於零碎、呆板、缺乏實用，與實際生活不符，於是學科統整的理念又再度受到重視，教育部於「國民教育階段九年一貫課程總綱綱要」（教育部，民87a）中明列「學習領域之實施應以統整、合科教學為原則」、「學校應視環境需要，配合綜合活動；並以課程統整之精神，設計課外活動」、「在符合基本教學節數的原則下，學校得打破學習領域界限，彈性調整學科及教學節數，實施大單元或統整主題式的教學」，所以未來國民教育逐漸走向課程統整的教學，是一個必然的趨勢。

　　課程統整是一種課程設計的型態，採用此種設計型態所設計出來的課程為「統整課程」（integrated curriculum）。現有的課程型態中，有許多課程的設計型態是屬於統整課程的（Glatthorn & Foshay, 1991；教育部主編，民89），例如，（1）相關課程：將兩個或兩個以上的學科，在不破壞學科領域界限的情況下，建立共同的關係。建立關係的方式有二：可以某一學科為主，其他學科配合其編擬教材，或在各科教材中找出共同的主題。（2）融合課程：將數個科目合併為一新的學科稱為融合課程，融合後的課程不僅原先的科目不復存在，課程的內容就原先各科目的內容重新融合編寫，而非各科目以所分配的比例時間或章節出現。（3）廣域課程：將許多科目依性質分為許多領域，使每個領域之教材範圍擴大，也就是知識分支內的科目，統合成為一個範圍較大的學

科。

　　有關課程統整模式，有不少模式被提出，例如，Jacobs的科際整合單元模式、Clark的統整教育模式、Palmer課程聯結模式、Drake的故事模式、Miller的全人教育模式、Kovalik的統整主題教學模式等等。以下逐一加以說明，（轉引薛梨眞，http: //www. geocities.com/fullee0926/curricu.htm）：

　　Jacobs的科際整合單元模式（Jacobs' interdisciplinary units model）：Jacobs的科際整合單元模式，主要目標在結合學科觀點，關注問題、主題的探究，使學生從探究的事件中知覺學科間的關係。Jacob建議整合的步驟如下：（1）選擇主題、課程範圍、事件或問題當成組織中心。（2）以腦力激盪的方式，師生共同就主題，思考問題及討論相關的想法。（3）引導問題至教材的範圍與教學前後順序，形成單元的範圍與順序。（4）編寫活動設計與實施。

　　Clark的統整教育模式（Clark's integrative education model, IEM）：此模式係爲開發人類潛能而發展的，主要在聯結學習者的四種心智功能（思考、感受、感官與直覺）。基此目的，教師在教學時，必須提供易於引起學生反應的學習環境（responsive environment），營造輕鬆的學習環境，鼓勵學生自我抉擇，提供具挑戰性的認知活動，並鼓勵學生發展直覺與統整學習能力。

　　Palmer課程聯結模式（Palmer's curricular connection model）：Palmer課程聯結模式，其策略如下：（1）以跨學科小組方式舉行會議，確認一般性目的目標、主題及技能。（2）發展設計樣本（或範例）圖示各科目的聯結關係。如在抽菸的健康單元中，語文藝術課時，可教學生加以蒐集贊成與反對抽菸的資料，研究並撰寫報告；在音樂課時，則可作曲及歌唱反煙的歌

曲。

Drake的故事模式（Drake's story model）：故事模式可被運用於各年齡層的學習，其實施的步驟如下：（1）選擇探究的主題；（2）以網狀結構畫出所要探究的內容；（3）檢視學生過去的經驗與目前所瞭解的情況，透過不同的觀點來檢視未來；（4）鼓勵學生持續目前的行動方案，以及規劃理想的未來；（5）學生們學習以各種新的方式去協同發展新的故事；（6）將新的故事結合到個人的故事。

Miller的全人教育模式（Miller's holistic model）：此課程模式目的避免課程的零碎性而將課程以學科結合，甚至統整的方式來實施，並力求思考與直覺間的平衡，例如，課程強調身體與心靈、情感與知識、個人與社區、自我與本我間關係的平衡。

Kovalik的統整主題教學模式（Kovalik's integrated thematic instruction model, ITI）：此模式的設計係結合大腦研究、教學策略和課程發展三領域的研究結果。大腦的研究方面，主要在討論學生如何學習；教學策略方面，在結合教學藝術與教學科學兩層次；課程發展方面，主張任何學校的課程不應侷限於教科書範疇，應就教師知能與瞭解發展課程。整個課程內容係由年、月、週主題及主要觀點所構成的，其中一年的主題是整個模式的核心。通常，實施ITI模式的教室，呈現的是信任、有意義、提供選擇、充裕時間、豐富情境、協同合作、立即回饋與精熟應用等特質的學習。

上述課程統整模式均有值得教師參考之處，例如，Jacobs的科際整合單元、Palmer的課程聯結模式及Kovalik的ITI模式，可提供課程規劃的參考；Clark統整教育或Miller的全人教育模式，可提醒教師課程實施需顧及的層面與情境佈置的重要；Drake的故事

模式，則呼籲教師考量學生的興趣與專長。

學校行動研究於課程統整與實施上之應用

本文以一所國民中學學校「九年一貫統整課程」爲例說明全校性行動研究於課程統整與實施之應用。全校性行動研究之目的是使參與學校的全體教職員、學生、家長與社區人士對「九年一貫統整課程」之實務及所遭遇的問題加以反省與改進。在研究方法方面，擬就研究設計（如圖2與圖3所示）、資料的蒐集與分析，以下逐一析述。

第一階段課程統整行動研究之步驟

本研究是以全校性行動研究爲主，重視過程所發生的事件、情境、或問題等方面的理解，尋求解決問題的有效策略。因此，從發現問題、界定問題、規劃設計、進行研發、檢視批判等方面，講求團體合作，結合全校教師、家長和社區人士進行學校整體課程之規劃與反省。爲達此目的，本研究在此階段擬進行的步驟包括：成立學校課程發展委員會組織、成立各學習領域課程小組、進行主題座談活動、決定課程統整主題、反省與回饋、發展課程計畫、反省與回饋、澄清問題並提出修改意見、修訂課程計畫、反省與回饋（如圖2所示）：

成立學校課程發展委員會組織

首先成立學校課程發展委員會組織。根據Schwab（1983）的觀點，課程設計包含四個架構 （commonplace），即教師、學生、教材及內外在環境，學校課程宜周密考慮每一個架構的特殊性，

第一階段之行動：課程統整行動研究

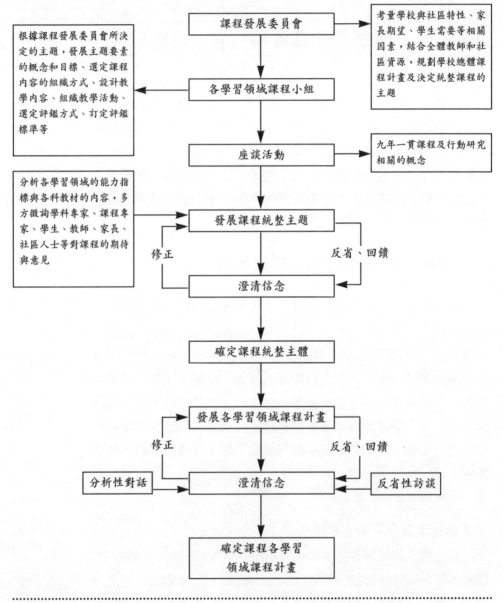

圖2 第一階段研究架構

並作正確的判斷。因此，他建議學校課程發展委員會宜由校長、教師代表、學生代表、職員代表、地方教育行政人員所組成，而且要視學科的特性，邀請特定的專家，例如，藝術家、婚姻顧問、社會科學家等作為諮詢人士，或由他們組成課程發展小組，向委員會提出建議。基於上述，本研究課程發展委員會組織成員，包括：學校校長、教務主任、訓導主任、總務主任、各學科教師代表1-2人、職員代表1-2人、地區的教育行政人員代表1人、家長代表2-3人、社區人士1-2人、各年級學生代表1-2人等。

課程發展委員會主要包括下列任務（教育部，民89）：（1）考量學校條件、社區特性、家長期望、學生需要等相關因素，結合全體教師和社區資源，規劃學校總體課程計畫及決定統整課程的主題；（2）審核各領域課程小組之教學計畫及教師自編教科用書；（3）決定各學習領域之學習節數及彈性學習節數；（4）決定開設何種選修課程。

成立各學習領域課程小組

在課程發展委員會之下，依各學習領域組成課程小組，其成員包括上述課程發展委員會之各學科教師代表、各年級各班學生代表、及九十一學年度即將擔任一年級之任課教師。各學習領域課程小組根據課程發展委員會所決定的主題，發展主題要素的概念和目標、選定課程內容的組織方式、設計教學內容、組織教學活動、選定評鑑方式、訂定評鑑標準等。在課程發展的過程中，本研究重視教師的自我反省與理解，考慮學校教育實際問題，作正確合理的決定，不可以訴諸主觀的個人判斷。

進行主題座談活動

擬要求課程發展委員會與各學習領域課程小組的教師，全程參與三個月的研習活動，研習目的有二：（1）增加小組成員間互

動的機會；（2）協助教師瞭解九年一貫課程及行動研究相關的概念。進行的方式，每二週一次的研習活動，研習的主題包括：課程統整意義與模式、學校本位課程的發展、九年一貫各領域的能力指標、協同教學模式、行動研究的定義與特色、行動研究的原則及過程、行動研究資料蒐集與分析的方法等。

決定課程統整主題

在持續三個月主題研習活動後，課程發展委員會即進行課程統整主題的工作。首先，由課程發展委員會之各學科教師代表先分析各學習領域的能力指標與各科教材的內容，並多方徵詢學科專家、課程專家、學生、教師、家長、社區人士等對課程的期待與意見，進行各項調查後，訂定課程主題架構。主題的擬定，可以是學生感到有興趣的事物、學生生活中的經驗、社會中的熱門議題、學科知識概念、時令節日等方面去考量課程的主題（教育部主編，民89）。

反省與回饋

各學科教師共同擬定出課程主題的草案後，將其提到課程發展委員會審議，並透過對話的方式，幫助教師澄清課程主題發展的理念。每個人對於課程主題所提出之意見，可能不盡相同，口頭的爭議是不可避免的。然而透過不同意見的表達，促進團體成員間彼此的瞭解，學習以不同的角度，反省思辨自我的信念。當團體達到共識後，負責擬定主題的教師，根據團體的意見修訂課程主題，重複修改的步驟，直到課程發展委員會審議通過為止。

發展課程計畫

負責擬定主題的教師與各學習領域小組之教師，溝通學年課程主題發展的想法，討論各主題的適切性。之後，各學習領域課程小組根據主題確認各主題所要包括的教學目標和概念，選定課

程內容的組織方式、設計教學內容、組織教學活動、選定評鑑方式、訂定評鑑標準等。

反省與回饋

教師擬定出計畫課程計畫後，各學習領域課程小組成員將透過對話的方式，幫助該領域教師發現課程計畫的問題。在此階段，本研究擬採用反省性的訪談（reflective interviewing）及分析性的對話（analytic discourse）二種方法（Sagor, 1992）幫助教師發現問題。根據Richard Sagor （1992）的觀點，反省性的訪談（reflective interviewing），是將參與研究的教師分成二人一組，彼此訪問有關九年一貫課程計畫的問題（例如，教學活動安排問題、學生學習動機問題、協同教學問題的處理等）。這些問題是參與者所能影響或改變的範圍，且為參與者所關切的問題。訪談的氣氛儘量輕鬆，但所問的問題必須具挑戰性而不具威脅性，訪談者試著引導受訪者廣泛且深入的說明他（她）的問題。反省性訪談的主要目的，在刺激教師反省課程計畫的內容與實施時可能產生的問題。

反省性訪談後，各學習領域課程小組將進行分析性的對話，此對話類似團體的訪談（a group interview），其目的在使教師們能更深入地探究與反省課程計畫所出現的問題。進行分析性對話時，讓所有參與研究的教師坐成一個圓圈，每人用二至三分鐘說明其先前在反省性訪談中，所談論的議題。此步驟的目的，是讓團隊的成員增加溝通的機會，瞭解彼此在課程計畫中所關心的、所感興趣的、或所遭遇的問題是什麼。如果所談論的問題，是大部分的參與者所質疑的，那麼這個問題，將成為分析性對話的焦點。由一位自願者代表，被群體訪談。為了有效的進行分析性對話，在訪談之前，研究者將告知參與的教師，只能問問題，不能做批評，亦不能提出解決的策略。之後，研究者要求參與的教師

分享他們作為受訪者與訪談者的感覺，瞭解其是否盡情地回答或發問他們所關心的議題。在數個焦點的分析性對話後，每位教師用簡潔的句子，描述自己的問題，例如，「課程內容過度強調概念的學習」。

澄清問題並提出修改意見

在此步驟中，各學習領域課程小組的成員將透過腦力激盪的方式，幫助參與研究之教師找出可能造成問題的因素，此階段每位參與研究的教師提出其在反省性訪談、分析對話中所發現的問題，透過團體腦力激盪的方式，找出可能造成問題的因素，並一一列在紙上。之後，透過不同意見的表達，學習以不同的角度，反省思辨其所遭遇的問題，並試圖提出解決的策略。

修訂課程計畫

當團體達到共識後，各學習領域課程小組之教師根據團體的意見修訂課程計畫，重複修改的步驟，直到問題得到解決。

反省與回饋

各學習領域課程小組修訂課程計畫後，提課程發展委員會審核，以作為再修訂的依據，重複修改的步驟，直到問題得到解決。

第二階段課程實施行動研究之步驟

課程發展完成後，則由研究學校之一年級各學習領域之所有教師付諸實施，並從事行動研究。其步驟包括：撰寫教學日誌及反省、發現問題、澄清問題情境、發展行動策略並付諸實踐、檢視行動後的結果、反省與回饋、和發表研究的結果 （Carr, 1986; Mckernan, 1991）。茲說明如下（如圖3所示）：

第二階段之行動：課程實施行動研究

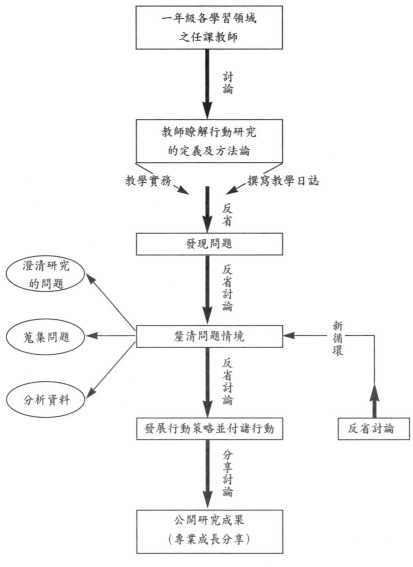

圖3 第二階段研究架構

撰寫日誌及反省

一年級各領域負責課程實施之教師，在進行教學的過程中，必須對其教學作反省，反省的內容包括：教學計畫、教學實施、教學評量、教學心得、及學生的感受等。

發現問題

透過教學日誌及反省發現問題，教師根據個人的興趣、或教學所遭遇的困難、或急需改善的問題，選擇所要付諸於行動研究的問題。

澄清問題的情境

在行動研究中，確定研究的問題是最重要的步驟，研究者必須清楚地知道所要研究或解決的問題是什麼，以激發其研究動機。每位研究教師要能夠清楚和簡短地陳述所欲研究的問題，其陳述中必須包括幾個要點：是哪一類的問題？誰是問題的主角或是誰被問題所影響？造成問題的因素是什麼？改進的目標為何？能採取的策略有哪些？澄清問題後，任課教師針對所欲研究的問題，提出一些假設。為了驗證假設，各學習領域課程小組將透過討論的方式，協助該領域之教師進行資料的蒐集。蒐集資料方法很多，例如，分析課程表和工作計畫、用於考試的報告或測驗、會議記錄、工作卡和任務分配表、教科書、學生的作業簿、教學日誌、訪談、觀察等。

另外，資料的分析，主要包括建構性的方法和批判性的方法二類。建構性的方法是指摘要所蒐集到的資料、發展資料的類別和登錄資料、摘記相關理論的資料、資料的量化處理等，其目的在於幫助各學習領域課程小組之教師從事件的細節，遷移到概念的層次上，且能發展理論、發現關係並從中尋得意義。批判性的方法主要目的在檢核任一支持證據的信度，尋找任何反對的證

據。

發展行動策略並付諸實踐

　　研究者如何才能找到各種適當的行動策略？根據Altrichter等
人（1993）所提之建議，可從以下幾方面尋求行動策略，例如，
從分析教學情境後，所獲得的新理解、從蒐集資料的過程、從教
育的目標及價值、從與同僚間的討論、從觀看別人如何處理類似
情境的過程、從書本或文獻的建議等。本研究則建議各學習領域
課程小組之教師，多方面蒐集解決問題的策略，包括：閱讀相關
的文獻、訪談其他教師或專家、徵詢學生的意見等。每位教師擬
出採用之策略後，再於小組會議中提出討論，透過對話的方式，
幫助每位教師找到適當的行動策略。

反省與回饋

　　在發展行動策略並付諸實踐後，各學習領域課程小組之教師
必須透過觀察、自我反省、批判行動策略與實踐情形，檢視行動
後的結果。如未能解決所提出的問題，必須重新回到釐清情境的
階段，再次澄清問題、蒐集資料、分析資料與發展行動策略，再
付諸實踐。如未能解決所提出的問題，必須再重複以上的步驟，
直到問題得到改善或解決。

公開研究的成果

　　Altrichter等人（1993）認為教師寫作發表知識的過程，能增
加教師反省的能力，提昇教學的品質，使教師在專業成長上，扮
演積極的角色，強化自我專業的自信及地位。因此，本研究透過
發表及討論的方式，教師將於研究告一段落後，分享個人研究的
過程與心得，與所建構的統整課程發展與協同教學的理論與知
識。

結語

　　近年來，行動研究已儼然成為教師專業發展，學校本位的課程發展和其他教育改革的重要途徑之一（歐用生，民85；Carr, 1986; Mckernan, 1991; Elliot, 1992），本研究期盼透過學校行動研究的過程，結合全校教職員、家長和社區人士進行學校整體課程之規劃與反省。在此過程中，不同專長領域的教師，彼此合作，互相學習，分享課程設計的專業、教學方法與策略，促進彼此的成長。行動研究最可貴的精神是參與研究之教師不斷投入，不斷的改進實務，從交叉辯證的過程中，教師能持續的思考、反省、修正教育信念，激盪出對教育更多元的思考，對教師專業的成長與課程改革有莫大的助益。

參考書目

中文部分

林素卿　（民89a），行動研究，載於國立臺灣師範大學體育研究與
　　　發展中心主編，《學校體育教學研究方法》，頁1-33。臺北
　　　市：教育部。
林素卿（民89b），行動研究在教育實習上之運用研究—以國小體
　　　育實習教師為例。行政院國家科學委員會專題報告（計畫編
　　　號：NSC 89-2413-H-028 -002）
林素卿、黃月嬋　（民89c），協同行動研究與體育教學的改進，

《國立臺灣體育學院學報》，7，頁1-20。

林素卿（民88），行動研究與教育實習，《教育實習輔導季刊》，5（1），25-30。

教育部主編（民87a），《國民教育階段九年一貫課程總綱綱要》。臺北：教育部。

教育部主編（民87b），《課程統整手冊－理論篇》。臺北：教育部。

教育部主編（民89），《學校本位課程發展－基本理念與實施策略》。臺北：教育部。

陳惠邦著（民87），《教育行動研究》。臺北：師大書苑。

英文部分

Altrichter, H., Posch, P., & Somekh, B. (1993). *Teachers investigate their work-An Introduction to the methods of action research.* NY: Routledge.

Calhoun, E. F. (1993). Action research: Three approaches. *Educational Leadership*, 51 (2), 62-65.

Carr, W., & Kemmis, S. (1986). *Becoming critical: Education, knowledge, and action research.* Philadelphia, PA: The Falmer Press, Taylor & Francis Inc.

Elliot, J. (1991). *Action research for educational change.* Bristol, PA: Open University Press.

Glatthorn, A. A., & Foshay, A. W. (1991). Integrated curriculum. In A. Lewy (Ed.), *the International encyclopedia of curriculum* (pp. 160-162). New York: Pergamon Press.

Mckernan, J. (1991). *Curriculum action research: A handbook of methods and resources for the reflective practitioner.* NY: St.

Martin's Press Inc.

Noffke, .S. E., & Zeichner, K. M. (1987). *Action research and teacher thinking: The first phase of action research on action research project at the university of Wisconsin-Madison.* (ERIC Document Reproduction Service No. ED 295 939).

Sagor, R. (1992). *How to conduct collaborative action research.* Alexandria, VA: Association for Supervision and Curriculum Development.

第四章
九年一貫課程改革與教師行動研究

詹志禹、蔡金火

前言

　　台灣在經濟開始起飛之後，教育的改革先從「量」的擴增開始，但從「質」的觀點來看，卻是問題重重（林玉體，民77：109）。因此，教育改革的思維，已逐漸由教育數量的擴增，轉向教學品質的改善，而課程改革便是提昇教學品質的主要核心關鍵。

　　回顧解嚴之後的台灣，教育改革歷經三波，第一波是理念的衝擊，這可見之於民間教改團體（例如，四一〇教改聯盟等）對於傳統教育當中許多觀念與作法的挑戰，激起了教改的意識與動力，但較缺乏系統性的規劃；第二波是體制的改革，這可見之於前行政院教改會為教育規劃的各種方案與制度（請參各期諮議報告書），其目的在為教育建構一個合理的環境，但對於教育的內容與方法著墨較少；第三波是課程的改革，這是目前正在進行的「九年一貫課程」改革工作，其目的在提昇教育內容與方法。只有這第三波教改，才進得了教室，這可說是二十一世紀初，台灣最重要的一項教育改革工程。

　　然而，熟悉「九年一貫課程綱要」的人大概都可以知道，它只是提供一些目標與架構，並沒有提供內容與行動力；課程內容的部分，或許可以寄望出版業者所發展的教科書來提供，但是行動力從何而來呢？課程改革、課程統整、課程發展與教學革新的行動力從何而來呢？這些問題應該是此波課程改革的核心重點，而「協助教師從事行動研究」則是提供行動力的最佳方式之一（Elliott, 1991）。

　　本文從九年一貫課程改革的背景與特色，來論述教師角色的變遷以及教師從事行動研究的必要性，繼而點出行動研究的意義

與模式，並以學校推動教師行動研究的實例，提供一些改革的具體經驗，以供學校經營和理論反思的參考。

「新時代」的九年一貫課程

二十世紀下半葉，意識型態逐漸鬆動，蘇聯解體，東歐變天，「意識型態年代」結束，政治趨向於民主多元，其影響力逐漸消褪。另外一方面，隨著交通、電腦網路、視訊科技和現代傳播媒體的發達，經濟走向全球化，進入「知識經濟」時代，也進入「後資本主義」社會，地球村的形貌，儼然已經形成。在國際互動交流日益頻繁的時代中，弗格森女士（Marilyn Ferguson）在《寶瓶同謀》（*The Aquarian Conspiracy*）（1993）一書中指出，隨著「新時代」的來臨，教育應突顯的主流價值是：尊重、合作、多元與自主的學習精神。新時代的世界公民強調「全球思考，在地行動」（thinking globally and acting locally），也可說是強調「整體思考，局部行動」；因此，作為學生的新課程，不但要重視國際化，也要強調本土化；作為新課程的老師，不但要強調宏觀思維，也要強調具體行動。

教育部（民90）頒佈的《國民中小學九年一貫課程暫行綱要》，揭櫫五大基本理念、十大課程目標、十項基本能力與七大學習領域，擇要而言，大致具有以下特色：

課程政策的鬆綁：以「課程綱要」取代「課程標準」，以目標性、原則性的規定取代鉅細靡遺的規定，並全面開放民間參與教科書編輯。

九年一貫的銜接：打破過去「國民小學」與「國民中學」課

程規劃上獨立作業的方式，將九年國民教育課程作全面性和縱貫性的考量，落實九年一貫國民教育的精神與內涵。

　　學習領域的統整：規劃七大學習領域（語文、數學、社會、自然與科技、藝術與人文、健康與體育、綜合活動）作為學生探索與教師對話的舞台，統整過去過度分化的科目，並將學科專門知識與學生生活經驗結合起來。

　　新興議題的融入：配合時代與社會趨勢，提出六大新興議題（人權、兩性、環境、生涯、家政、資訊）作為融入七大學習領域的重要議題。

　　學校本位的課程：學校得選擇適合自己學生的民間版教科書，亦得依照「課程綱要」發展自己所需的教材，且學校必須組成課程小組以發展課程，組成課程委員會以審查課程，提出課程計畫向所屬教育行政機關報備，充分發揮教育專業自主與專業自律的精神。

　　分工合作的教學：同一學習領域的教師所組成的課程小組，同時也是一個教學團隊，平時共同規劃與發展課程，教學時依主題性質、本身專長與教學時間進行分工或協同教學。

　　基本能力的培養：「課程綱要」以十大基本能力及各領域能力指標為核心，刪減繁瑣、艱深或與生活毫無關聯的課程內容，旨在引導教學超越機械性知識的灌輸，讓教學歷程協助學生轉化知識成為能力，轉化情意成為行動。

　　活動課程的重視：「綜合活動」成為七大學習領域之一，不再是附屬的課外活動，而是正式的、必要的、統整的課程活動，讓學生的學習有機會超越教室內語文行為的交換，而進入行動與實踐的層次。

　　本土化與國際化兼顧：在語文領域方面同時讓英語和母語教學往下紮根，英語自小學五年級開始教學，母語則列入必選；在

其它領域方面，也都是兼顧本土化與國際觀。

由於新課程得到鬆綁，教師有了更寬廣的教學空間與更大的專業自主權，不能再依賴政府頒行的單一課程及教學指引，而必須從根本建構自己的教學理念、課程架構與教材教法。就此而言，教師的教學生涯是一種「教學相長」的歷程，必須不斷地吸收新知，以充實教學內容；在教學的過程當中，必須不斷地發現問題，尋求解答，以提昇教學品質，並成為一個與時俱進的終身學習者。而行動研究便是提供教師進行專業對話、反思、學習與成長最重要的一種方法；在行動研究當中，教師不是一個傳遞文化的工具，而是一個自主的探究者；只有當老師成為一個自主的探究者，學生才可能成為一個自主的探究者，九年一貫課程才可能成為一種深化而成功的改革。

「新課程」的教師角色

課程的設計無論是如何的完美，如果沒有教師在實際的教學情境中落實教學的理念，那麼，課程改革的理想便會落空，若「用舊工具做不好事情的老師，用了新工具會更糟」（Ferguson, 1993, p. 423）。因此，教師在「九年一貫」課程的改革中，實居重要的關鍵地位，換言之，如果教師的觀念、角色沒有改變，課程改革便無法成功。

在過去的中小學教育環境中，不但課程較為統一，而且價值標準也較為單一，教師的角色有如「輸送帶」一般，將制訂好的課程傳輸給學生。在如此的教育政策下，中小學教師並不被鼓勵對於教學的目標進行反思；大量的授課時數與學生作業，也使得

老師忙於教學與批改作業，很少有時間及機會，對於彼此的教學內容，進行對話與討論。若以傳統教師的角色來和新課程教師角色做一比較的話，便會發現有以下的基本差異：

　　就班級經營而言：傳統的教師負責自己的班級，建立起自己的「教室王國」，與其他老師互動的機會並不多；新課程的教師則必須與其他同仁（特別是科任教師）組成教學團隊，且必須與同年級的教師不斷交換、溝通課程的設計理念，換言之，新課程的教師是教學團隊的一員，應與其他的教師共同致力於班級經營與教學目標的達成。

　　就課程發展而言：傳統的課程發展是由官方邀請專家設計課程，再由國立編譯館等機構進行教科書的編輯工作，然後提供一套鉅細靡遺的「教學指引」供教師教學使用，教師只要忠實地傳輸其中的內容即可；新課程教師的角色則從課程的執行者，轉而成為課程的設計者與發展者，換句話說，教師雖可依教學的需要，從不同出版社當中擇取適當的教科書，但被鼓勵自編教材或從事學校本位課程的規劃、設計、教學與評鑑；在這種新角色之下，教師必須有能力對課程進行選擇、詮釋、建構與批判，因此反思能力變得極為重要。

　　就教學活動而言：傳統教學偏向以教師為中心主體，上課活動著重「教師講，學生聽」，評量活動偏重紙筆測驗；在新課程的教學活動中，教師與學生都是教學的主體，教師是教學者，但同樣也是學習者，必須不斷充實知識，以豐富課程的內涵，在教學的活動中，著重師生間的教學互動，教師是學生學習過程的促進者與合作者，評量方式追求多元化。

　　就在職進修而言：傳統的教師在一套既定的教材中，便可以年復一年地重複其教學內容，加上教育當局又不重視教師的在職

進修,因此,教師少有進修的動力,對於有意在職進修者,則又沒有足夠的在職進修機會;新課程的教師則必須是位終身學習者,因此教師必須有在職進修的協助,使他們有學習、成長、進步的機會。

就社區關係而言:傳統的教師,上課地點以校園及班級教室為主,對於社區內的資源、專家較少運用,以致形成一種封閉式的教學體系;新課程的教師,被鼓勵深入社區,利用社區的各種資源,蒐集教學資料,或邀請社區專家進入校園共同指導教學,故能與社區融成交流互動、資源共享的開放體系。

就社會角色而言:傳統的教師被定位為保守主義的一群,理所當然必須去捍衛社會規範制度的主流價值,並且也經常淪為政府政策法令宣導的工具,甚至是政治動員的樞紐;新課程的教師則必須從不斷的自我學習和行動研究當中,致力培養專業能力,並以知識份子自居,成為道德良心與社會清流的角色。

由此可知,隨著新課程的來臨,教師角色也面臨了不同「典範」(paradigm)的變遷,茲將兩種典範下的教師角色摘要整理於表1。

表1 傳統教師與新課程教師角色的差異

	傳統教師角色	新課程教師角色
班級經營	負責自己的班級經營，建立自身的「班級王國」	必須與其他教師組成教學團隊，共同致力於教學目標的達成與班級的經營
課程設計	由官方負責課程的設計，教師只要忠實地傳輸其中的內容即可，教師很少對其教材的內容與目標進行辯論與對話。	從官定課程的執行者，轉為課程的設計者，教師被鼓勵從事學校本位課程的規劃、設計、教學與評鑑，並須具備反思能力
教學活動	較偏重講授，評量方式較倚賴紙筆測驗	著重師生間的教學互動，教師是學生學習過程的促進者與合作者
在職成長	許多教師缺少進修的動力，而有意進修者，卻常缺乏進修機會	教師必須是位終身學習者，必須有豐富的進修管道，才能維持專業地位
社區關係	教師上課的地點以校園及班級教室為主，對於社區內的資源、專家較少交流互動	教師可以深入社區，利用社區的各種資源，進行教學，與社區資源共享
社會角色	教師傾向捍衛主流價值，常須宣導政府政策，有時甚至成為政治動員的樞紐	教師必須致力培養專業能力，並以知識份子自居，成為道德良心與社會清流的角色

「新教師」的成長

　　教育當局體會到新課程之下教師成長的重要性，因此一度考慮強迫教師在寒、暑假進修，不料引起許多教師的反彈，只好不了了之。其實，面臨上述教師角色的轉換，我們對於「新教師」

的成長方式也應該有新的思維，換句話說，「新教師」的成長不能再仰賴「專家說、教師聽」的方式，而必須走向多元化、學校本位、以及行動研究的方式。

什麼是行動研究呢？行動研究是一種強調生活行動過程中實際問題的研究。進言之，在生活實踐的歷程中，發現各種實存的問題與困境，並思考採藉各種的理論與方法，試圖透過不斷反省、對話與建構的過程中，不斷地提昇、改善、解決各種實存的問題與困境，在行動中從事研究，並從研究中提昇行動。總之，行動研究本質上不但是一種學習的方式，同時也是問題解決及自我批判反思的歷程。

一般而言，行動研究具有以下幾個特性：

實務工作者即研究者：實務工作者不應只是被研究的對象或是題材，實務工作者應該成為探究的主體。以教師而言，教師本身應該就其行政與教學的相關問題進行研究，換言之，教師即是研究者，教師是學校行政、班級經營、課程教學等主題的研究者。

行動與研究的相互配合：以「實地理論」（grounded theory）所點出的精髓而言，理論應當源自於實務的建構，應用康德（I. Kant）所言：「在教育的研究中，沒有研究的行動是盲目的；沒有行動的研究則是空泛的」（方永泉，民90，頁215）。遺憾的是，理論與實務之間向來有一道鴻溝，幸運的是，透過行動研究的方式，當可縮小彼此間的差距，使行動與研究之間相互配合。

重視個案與當下的研究：行動研究是針對當下特定的環境與對象所進行的研究，並且是以解決問題為導向，換言之，其所關注的是特定的對象與特定問題的解決。行動研究的成果雖可提供別人參考，但行動研究注重當下的獨特性，並不追求所謂「放諸

四海而皆準，百世以俟聖人而不惑」的真理，也不特別強調類推的要求。

不斷地反省與自我辯證：行動研究特別注重實踐與反省，實務知識的研究者，對其內在價值與信念系統，可以經由不斷地自我分析、揭露、批判、反思與自我辯證，使得生活與工作的實踐更趨理想。

默會知識的分享：Polanyi（1966）曾將知識分成兩種型態：命題知識（propositional knowledge）與默會知識（tacit knowledge），命題知識是可用文字語言以命題的形式來表達的，默會知識即不能用語言或命題的形式來表達的知識，例如，直觀的、感覺的、體驗的知識。行動研究希望藉由實務問題的省思，將知識與經驗，由默會知識轉為命題知識，以得到知識的分享及經驗的傳承。

動態研究的歷程：行動研究有別於傳統的圖書館式的研究方法，其研究的主要歷程，並不在圖書資料的蒐集和理論文字的累積，而是透過實做、觀察、接觸、訪談、溝通、聊天、甚至是說故事的方式，將研究的問題加以陳述出來，並運用集體合作、腦力激盪的方式，共同尋求問題解決的方法、途徑與策略。換言之，行動研究的整個歷程是偏向於動態的研究方式。

知識的建構與生命的解放：當實務工作者在現實的世界中，忽略了人的主動性、互動性與創造性，其結果將使人感到無力感，而整個的工作環境便充滿著物化（reification）與疏離（alienation）的現象。透過行動研究，實務工作者不應只是技術的操作者，被動的參與者，而是可以成為主動的研究者，在工作中建構出自己的知識體系，真誠思考工作的深層價值與生命的意義，並使自己與工作環境產生密切的關聯和有意義的關係（黃譯瑩，民89）。

所以，教育的行動研究強調教師從自己的教育工作中發現研究問題，反思自己的教學特色，組織自己的經驗，展現探索的精神，提出創新方案與嘗試性的作法，從做中成長，並與專業社群分享。有沒有圖表或數字不是行動研究的重點，有沒有意義和價值才是關鍵。由於行動研究可以產生動力、意義和價值，所以是教師成長的最好方式，也是教育改革的最佳動力。

行動研究的模式

　　行動研究在本質上是一種學習的方式、一種問題解決的歷程以及一種反思性的工作歷程。圖1呈現了行動研究的一般模式，此模式包含下列幾項要點：

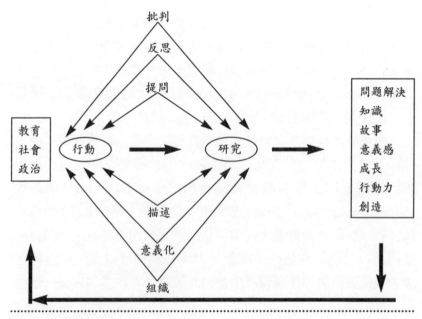

圖1 行動研究的模式

1.所謂的「行動」，包括了教育行動、社會行動、政治行動
 等，所以這個模式是一個跨領域的模式。

2.行動研究是一個無止境的循環，它以研究當下的教育、社
 會或政治等行動為起點，以生產新的教育、社會或政治等
 行動為暫時性終點，然後終點變成新的研究起點，展開新
 的循環。為什麼行動研究要如此循環不已呢？因為經過行
 動研究所產生的創新行動，雖然理論上應該是一個改善的
 行動，但改善的程度是無止境的，況且創新的工作方式難
 免要冒險，以致於有時候創新未必改善，所以，行動研究
 也應該是無止境的。

3.行動研究當中的「研究」，包括在思考方面對自己的行動提
 出問題（以便探討和解決）、進行反思（以便理解行動的深
 層理由）、展開批判（以便評價行動的優缺點），也包括在
 溝通表達方面，對自己的行動進行描述、賦予意義、並以
 某種有組織的方式來表達。其中，反思的歷程有助於研究
 者將個人內隱的理論（implicit theory）或默會知識顯明
 化，反思的方式除了可以透過個人從後設認知（meta-
 cognition）的層次檢查自己的既有信念之外，也可以透過合
 作研究中的溝通、討論與辯論歷程來省思自己的各種預設
 或價值判斷，這是一種合作思考，也是一種聯合反思的歷
 程。

4.行動研究的成果，首先是幫助自己解決工作情境中的問
 題；其次是生產知識，提供別人參考，也提供自己未來行
 動的參考；第三是分享故事，因為故事有時比知識更人性
 化，是一般人最感興趣、也最容易感動的一部分；第四是
 獲得意義感，也就是發掘自己的工作和行動的意義，並進
 而發掘生活的意義；以教師而言，如果他（她）沒有從自

己的教學活動中獲得意義感，就會過度斤斤計較上班時間、下班時間、排課的公平性等等問題，如果他（她）有從工作中獲得意義感，就比較不會那麼在意時間的付出；第五是獲得成長，也就是提昇自己的專業水準；第六是獲得行動力，也就是化「不動」為「被動」，並化「被動」為「主動」；第七是創造新行動，也就是提出自發性的改革與創新。

推展行動研究的實例

由於教師行動研究強調由教師在自己的工作情境中發現問題、尋找問題，針對當下特定的環境與對象進行研究，因此，本質上應該是一種學校本位的研究（school-based research）。以下試以政大實小為例，說明如何從學校經營的層面推動學校本位的行動研究。

掌握特長

政大實小雖然是九年一貫課程試辦學校，然而，如同一般中小學一樣，大部分老師對於課程統整、協同教學以及學校本位課程都非常陌生。有趣的是，附設幼稚園的老師，基於長久實施開放教育的傳統，反而比小學部老師更瞭解、更熟悉、更習慣於課程統整、協同教學以及學校本位課程。因此，本校就讓幼稚園老師先行展開行動研究，著手整理自己過去多年來所發展的課程目標、理念、架構與內容，並以多元智慧等新觀點重新檢視，最後則藉著幼稚園新大樓落成典禮的機會對外發表。幼稚園老師能完

成此一行動研究，對小學部老師具有示範作用。

擇定主題

在試辦的第一年，由於政大實小同時推動「九年一貫課程」與「多元智慧教學」實驗，因此便以此為主題範圍，讓老師去思考行動研究的題目。在試辦的第二年，由於應該更深入並對將來的評量問題未雨綢繆，因此便以「課程統整和多元評量」為主題。選定主題可以避免研究題目過度分散，並且有利於發展學校特色。

循序漸進

擇定主題之後，必須安排一系列的準備工作，包括：規劃協調、爭取經費、針對主題安排若干場演講、提供相關書面或網路資料、提供主題方面或研究方法上的諮詢、邀請學者專家協助、提供教學實驗所需的行政支援、安排分享與演練的機會等，全部的準備時間約需花一年。

剛開始提倡全校老師都從事行動研究時，可能會有部分老師贊成、部分老師中立、部分老師反對，如果這三類老師能各佔三分一左右，已經算是很理想了。接著透過循序漸進的準備歷程，贊成的老師會做出一些示例與初步成果，或分享一些心得與經驗，這可以提昇大家的自信，那麼，中立的老師就會發現：原來事情並沒有那麼困難，我也可以試試看。等到中立的老師也做出一些心得與成果，那麼，參與和贊同的人已經成了大多數，形成了新的氣氛和文化，原來反對的老師也就不好意思再一味唱反調了。有些人縱使一開始做得很勉強或心不甘、情不願，但若做出一些心得、獲得一些意義、感受一些成功經驗，慢慢也能產生興

趣，只是每個人所需的時間不一樣。

鼓勵肯定

由於大部分中小學老師都沒有研究與發表的經驗，初次嘗試，會感到信心不足或甚至害怕，因此，在準備過程當中，學校當局或專家學者應儘量給予鼓勵。此外，專家學者在學術界已習慣於學術評論，或習慣於對研究生坦誠直接的指導，一旦進入中小學界實務現場指導行動研究，可能必須特別注意到，許多實務界的教師自尊心很強，非常敏感，很重面子，因此，專家學者在指導的初期，必須著重肯定與鼓勵，否則，指導關係很難維繫，如能以平等的身份加入研究團隊，則更為理想。

刺激創意

為刺激教師的創意與聯想，校長曾經提供以下題目示例讓全校老師參考（括弧中提示該題目與「九年一貫」或「多元智慧」之關聯）：

1.透過鏡頭美化世界：人文與藝術在兒童攝影教育中的結合（藝術領域的人文精神）
2.如何將電腦融入音樂教育中（跨領域統整）
3-1以體適能教育奠定全人健康的基礎：政大實小「傲運杯」的實施與展望（健康與體育、全人健康）（扣「九年一貫」）
3-2在體育領域中創造多元成功的機會：政大實小「傲運杯」的實施與展望（多元智能、多元成功）（扣「多元智慧」）
4.副導師制度另一種協同教學（協同教學）

5.校園裡的植物：從標示名稱的過程進行主題的探索（自然領域主題式教學、統整教學）

6.過五關、讚六獎：□□領域的多元化評量方式（多元評量）

7.教室像家庭：班級經營、親師合作與統整教學

8.一個□□領域的統整教學案例

9.一個統整□□領域與□□領域的教學案例

10.一個應用多元智慧理論的教學案例

11.一個應用多元智慧理論的輔導案例

12.結合數學與英文學習領域的教學實驗

13.政大實小的英語教學：理念、實務與展望

14.建構式數學在九年一貫課程下的展望

15.九年一貫課程下的課程發展與排課問題

16.如何在□□領域培養○○×○○＝「人本情懷」、「統整能力」、「民主素養」、「鄉土與國際意識」、「終身學習」、「獨立思考與解決問題能力」、「主動探索與研究」、「運用科技與資訊的能力」等）

17.如何將○○融入□□領域：以＊＊＊＊為例（○○＝兩性教育、法治教育、環境教育、資訊教育、生涯規劃教育、消費者教育，等等）（□□＝語文、數學、社會、自然與生活科技、藝術與人文、健康與體育、綜合活動、生活）

18.綜合活動：以校外教學活動的設計為例

19.綜合活動：以慶生會活動的設計為例

20.如何帶學生做主題研究：以□□領域為例

21.如何統整社會、自然與藝術成為生活領域：以＊＊＊＊為例

題目示例對於生平第一次從事行動研究的教師比較有需要，對於有過行動研究經驗的教師就比較不需要了。

團隊合作

行動研究可以由教師個人進行，也可以由團隊進行；若由團隊進行，則可增加教師相互學習以及專業對話的機會，並降低初次從事行動研究者的焦慮感。雖然在團隊合作當中，也許有人會搭便車，但在推動的初期，這是可以被原諒和容忍的現象；只要給予充分的時間和學習機會，大部分人還是希望自己在團隊中有重要的貢獻。

精熟演練

在正式發表之前，安排若干次的模擬或採排，可幫助初步發表者熟悉現場氣氛、表達技巧、時間控制、媒體操作以及合作默契等等，這些演練也有助於建立信心以及掌握研究進度。

驗收成果

政大實小在八十九年六月二十八日，全校老師正式對外發表行動研究成果，主題是「九年一貫課程暨多元智慧教學」，全部題目及過程如表2所示。

表2 政大實小「九年一貫課程暨多元智慧教學」行動研究發表會（89.06.28）

時間	活動主題	主講人	主持人
8:30	報到		
8:50	開幕		鄭丁旺校長
9:00	**第一場：制度與課程運作**		黃炳煌教授
9:50	（一）九年一貫課程改革中校長所扮演的角色	詹志禹	
	（二）如何發展學校本位課程：政大實幼的經驗	厲開芝 姚牡丹	
		魏玉枝 吳靜青	
		黃雪如 潘葉棻	
		林幸惠 梅思齊	
10:00	**第二場：語文和數學領域**		姚素蓮校長
10:50	（一）Math-English Integrated Curriculum	劉兆文 朱瑞珠	
		黃嘉慧	
	（二）九年一貫數學課程的教學設計	陳心怡 朱雅玲	
		廖玉秀 鄧漢華	
11:00	**第三場：藝術與人文領域**		蔡琰 教授
11:50	（一）什麼是兒童的攝影教學	張麗華	
	（二）以肢體表演課程聯繫語文、藝術、科技與綜合活動	張麗華 閻自安	
		豐秀明 匡秀蘭	
	（三）電腦音樂在教學上的輔助	劉育嘉	
12:00	現場示範（音樂教學等）、靜態資料展示與參觀		
14:00	午餐、午休、聯誼		
14:00	**第四場：綜合活動領域**		湯梅英教授
15:00	（一）全校性綜合活動簡介	劉桂芝	
	（二）統整課程：以「母親節」的課程設計為例	蔡金火 侯麗英	
		吳月琴 黃寶慧	
		彭秀玉 劉育嘉	
		吳恩慈 陳心怡	
	（三）綜合活動：插花藝術的教學活動設計	李美燕 蕭美銓	
		豐秀明	
15:10	**第五場：多元智慧**		吳璧純教授
16:00	（一）一個融合多元智慧與合作學習理念的自然科教學案例	黃賢卿	
	（二）全語教學飛起來	沈惠芳	
16:10	綜合座談	（全體發表人）	胡悅倫教授
17:00	閉幕		

著重歷程

　　針對行動研究安排成果發表會，可以提供一些動力、目標與壓力，但是，行動研究最重要的成果，其實是教師所獲得的意義感與內在成長，這些都是無形的，而且都發生在準備歷程當中，這種準備歷程就像爬山一樣：在上山的階段，體力好的人會「慢慢走，欣賞吧」；體力差的人會覺得背包又重，坡度又陡，非常辛苦，不過，等到登頂之後，俯仰群山萬壑，心胸頓覺開朗而有成就感，下山時也能哼著口哨，並考慮何時再登下一座山，這種歷程可說是「辛苦而不痛苦」。成果發表會就如峰頂，只是一種象徵、一種儀式、一種導引，爬山的人並不是爲了登頂而已。

持久有恆

　　蜻蜓點水的活動，通常沒有什麼作用。任何一種學習、制度、作法或改革，都必須持久有恆，才可能產生深刻的改變。所以，政大實小在試辦九年一貫課程的第二年，仍然持續推動行動研究，展開新的循環，並於九十年四月二十八日，再度對外發表行動研究成果，主題是「課程統整與多元評量」，全部題目及過程如表3所示。事實上，如果希望學生、老師、課程、制度、文化產生深刻的改變，行動研究必須成爲學校自然、例行、責無旁貸的工作，無止境地推動下去。

表3 政大實小「課程統整與多元評量」行動研究發表會（90.04.28）

時間	活動主題	主講人	主持人
8:00	報到		
8:20	開幕		
8:30	**第一場：導論**		
9:10	（一） 九年一貫課程與行動研究	蔡金火	詹志禹
	（二） 九年一貫課程能力指標的評量	王逸慧	詹志禹
9:10	**第二場：語文領域**		
10:10	（一） 大家來玩評量遊戲	沈惠芳	
	（二） 大家來秀寶貝	豐秀明	
	（三） 樂趣化的英語教學	黃嘉慧	朱孟貞
	（休息、茶敘20分鐘）		
10:30	**第三場：數學、自然與科技、資訊教育**		
11:30	（一） 數學科的多元評量	陳心怡	朱雅玲
	（二） 實作評量在自然與生活科技領域的應用	黃賢卿	李美燕
	（三） 電腦網路在教學上的應用	劉兆文	朱瑞珠
11:30	**第四場：社會領域**		
12:10	（一） 發現台灣：單元教學設計與評量	廖玉秀	蕭美銓
	（二）我們一起來解決問題：資料的蒐集與整理	侯麗英	章正崴
12:10	午餐、午休、聯誼、參觀		
13:30	**第五場：藝術與人文、健康與體育**		
14:30	（一） 現代藝術的教學	張麗華	
	（二） 電腦與音樂共舞：合成樂器在音樂教學與評量的應用	劉育嘉	
	（三） 實小本位的體適能教學設計	鄧漢華	
14:30	**第六場：跨領域、多元智慧**		
15:30	（一） 統整教學：教學設計與評量	黃寶慧 吳月琴	陳心怡
	（二） 多元智慧在課程統整的應用	匡秀蘭	劉桂芝
	（三） 閱讀護照的設計	彭秀玉 章正崴	朱孟貞
	（休息、茶敘20分鐘）		
15:50	**第七場：低年級課程、幼兒教育**		
16:50	（一）大家來玩隱形墨水（綜合活動）	曾意玲 吳恩慈	沈惠芳
	（二）一年級生活課程的設計與教學（生活）		
	（三）「畫」中有「話」（幼兒課程）	姚牡丹 黃雪如	魏玉枝
16:50	**第八場：綜合座談、閉幕**	（全體發表人）	
17:20			

備註：撰寫本文時，主持人尚未排定，暫略。

結語

　　在一個學校裡推動課程改革，不能單純推動「課程」改革，因為課程改革不能在眞空當中發生，課程改革必須在某種環境背景或文化脈絡之下發生，因此，推動課程改革等於是推動整個學校的教育改革。換句話說，課程改革只是一粒種籽，這粒種籽的基因再好，若種錯了土壤也很難活得長久。所以，如何爲課程改革經營一個有利的學校環境，實在是值得深思的問題。

　　而在「九年一貫」課程的改革當中，最重要的一項非「教師成長」莫屬，原因是：此次的九年一貫新課程走向課程鬆綁與學校本位課程，教師變成課程的主體，而非客體或媒介；教師專業自主權提昇，其創造的彈性與空間也增加，因此，教師的素質決定課程的成敗，好的教師將發揮創造力，使課程更活潑而有效，差的教師可能濫用自主權的藉口，使課程更鬆散而專斷。

　　在教師成長的方式當中，最重要的一項非「行動研究」莫屬，因爲，行動研究可以提昇教師的行動力與反思力，避免教育界產生「以正確方法解決錯誤問題」的「第三類型錯誤」（Type-III error）（Dunn, 1994, p. 151），讓教師能自己發現問題、形成問題並重新定義問題，而不只是埋頭解決別人給定的問題。此外，行動研究也有助於教育專業人員進行面對面的溝通，透過相互主觀的理解來凝聚共識，作爲改革的基礎（Denhardt, 1984），也就是讓教育的制度或課程的設計，經過專業協商，形成一種共同會意的行動（Forester, 1989），以利教育改革的推行。

　　爲協助教師行動研究的推展，傳統的官僚體系必須轉型成爲較平權互動式的「網路組織」，教師在工作場所的參與權應該增加（Jun, 1986），學校行政人員應扮演倡導、支持、溝通、協調、輔

助的角色，以「服務型領導」（Blanchard, Hybel and Hodges, 2000）的精神，輔助教師從事行動研究。此外，教育當局的相關配套措施如授課時數、工作負擔、教師員額、教師階梯制等問題也很重要，若不能解決客觀環境上的問題，而一味苛求教師，很容易引起教師的消極反抗情緒（楊益風，民88，頁349），或提出各種疑問來質疑改革的合理性（饒見維，民88，頁307）。

教育改革是一種「點滴工程」，理念應該明確、前瞻、基進，歷程應該循序漸進，配套措施應該盡量完備，策略應該著重人力資源的提昇與組織文化的重塑，若不涉及這些深層議題，改革終究只是泡沫。

參考書目

中文部分

天下雜誌編輯群（民85），《教育台灣海闊天空》。台北：天下。

天下雜誌編輯群（民87），《海闊天空II跨世紀希望工程師》。台北：天下。

方永泉（民90），九年一貫課程與教師行動研究，載於國立暨南國際大學教育學程中心主編，《教育改革的微觀工程》。高雄：復文。

林宗義（民78），從海外看台灣的教育，載於臺美基金會主編，《台灣的教育研討會論文集》。台北：自立報系。

林玉體（民77），《台灣教育面貌40年》。台北：自立晚報。

林生傳（民88），九年一貫課程與教學創新，收於中華民國教材研

究發展學會主編，《九年一貫課程研討會論文集邁向課程新紀元（下）》。

江明修（民86），《公共行政學研究方法論》。台北：政大書城。

夏林清（民89），行動研究與中、小學教師的相遇，《教師天地》，105，4-8。

黃炳煌等（民86），九年一貫社會科課程綱要之研究。教育部委託專案研究。

黃炳煌（民88），談統整課程-以九年一貫社會科課程為例，收於中華民國教材研究發展學會主編，《九年一貫課程研討會論文集邁向課程新紀元（下）》。台北：中華民國教材研究發展學會。

黃炳煌（民89），談統整課程－以國民教育九年一貫課程為例，載於中正大學教育學院主編，《新世紀的教育展望》。高雄：麗文。

黃光雄（民85），《課程與教學》。台北：師大書苑。

黃譯瑩（民89），教師透過體驗與省思課程統整而更新：個案研究，《教育與心理研究》，23，313-352。

楊益風（民88），九年一貫課程與教學革新，收於中華民國教材研究發展學會主編，《九年一貫課程研討會論文集邁向課程新紀元（下）》。

廖世德譯（M. Ferguson著）（民84），《寶瓶同謀》。台北：方智。

饒見維（民88），九年一貫課程與教師專業發展之配套實施策略，收於中華民國教材研究發展學會主編，《九年一貫課程研討會論文集邁向課程新紀元（下）》。

蔡清田（民88），九年一貫國民教育課程改革與教師專業發展之研究，載於中華民國課程與教學學會主編，《九年一貫課程之展望》。台北：揚智。

蔡清田（民89），國民中小學九年一貫課程政策之決定，載於國立
　　台南師院校務發展文教基金會主編，《九年一貫課程》。高
　　雄：復文。

英文部分

Bellah, Robert N. et al., (1985). *Habit of the Heart*. Berkeley:
　　University of California Press.

Crowell, S.(1989). A new way of thinking: The challenge of the
　　future. *Educational Leadership*, 47(1), 8-16.

DeSimone L.Randy., David M. Harris. (1998). *Humman Resource
　　Development*. New York: Harcourt Brace College Publishers.

Denhart, Robert B.(1993). *Theories of Public Organizations*.
　　California: Wadsworth Publishing Company.

Drucker, Peter F.,(1999). Knowledge-Worker Productivity: The
　　Biggest Challenge. *California Management Review*, 41(2).

Dunn W. (1994). *Public Policy Analysis*. N.Y.:Prentice-Hall, Inc.

Elliott, J. (1991). *Action research for educational change*.
　　Philadelphia: Open University Press.

Farazmand, Ali (1999). Globalization and Public Administration.
　　Public Administration Review, 59 (6).

Forester, J.(1989). *Planning in the Face of Power*. Berkeley:
　　University of California.

Jun, Jong S. (1986). *Public Administration: Design and Problem
　　Solving*. N.Y.: MacMillan Publishing.

Polanyi, M.(1966). *The Tacit Dimension*. N.Y: Doubleday.

第五章

「教師即研究者」的課程行動研究：

以國立中正大學教育學程「教學實習」課程為例

蔡清田

緒論

研究緣起與目的

　　臺灣自一九九四年二月七日公布「師資培育法」後，師資培育進入新的階段，希望透過「開放」與「多元」的方式，達成「卓越」的目標 （歐用生，1996）。研究者任教於中正大學從事師資培育工作，希望從「教師即研究者」（teacher as researcher）的觀點（蔡清田，2001；Stenhouse, 1975; Elliott, 1998），透過行動研究（陳伯璋，1988），結合「以教師教學為本位的課程發展」進路與「以國家政策為本位的課程發展」進路（黃光雄、蔡清田，1999），探討教育學程「教學實習」的課程發展。

　　「教育實習課程」是教育部規劃教育學程課程中，與學校教學實務關係密切的教育專業課程。「教育實習課程」是師資培育課程的「引導課程」（林生傳，1997），引導師資生，特別是修習教育學程「教學實習」的準實習教師，逐漸深入理解師資培育課程目標與教育實際以及兩者之間的差距，驗證教育專業理論的實用性與可行性，在實際情境進行學習，發展實際的智慧（歐用生，1999），嫻熟教育方法技巧與教學活動，統整教育理論專業知識與實際，作為畢業後到學校進行教育實習之準備。

　　本研究目的旨在透過課程發展行動，協助準實習教師瞭解「課程即研究假設」、「教師即研究者」與「教室即實驗室」等課程行動研究理念（蔡清田，1998）。研究問題乃在瞭解研究者所進行的課程發展行動，是否協助準實習教師瞭解「課程即研究假設」、「教師即研究者」與「教室即實驗室」等課程行動研究理念，以便其日後能運用本門課程的行動研究理念，因應學校教育

的實際課程問題。

研究方法

　　本研究主要採行動研究 （McKernan, 1996），一方面透過「教學實習」課程，引導準實習教師認識行動研究的理念與主要過程，規劃未來的教學實習計畫與行動方案，並透過訪談，瞭解實習教師所進行的行動研究過程與結果；另一方面，研究者透過實習教師返校座談，安排實習教師參與行動研究的研習，引導實習教師構思可能的行動研究方案，鼓勵實習教師在學校教育情境中進行行動研究。

　　研究者擬具訪談大綱，針對三十六位實習教師的實際經驗，並顧及其參與此研究的意願性，事先徵詢其接受訪談的意願，進行「半結構化的晤談大綱」訪談，瞭解實習教師的行動研究過程及其所遭遇的問題與其因應對策，並蒐集實習教師的行動研究報告，分析其問題與行動方案之對策，作為進行「教學實習」課程的依據，裝備準實習教師必要知能，因應未來進行教育實習之所需。

　　本研究摘取願意接受本研究訪談，並且願意提供完整資料做為研究證據的七位準實習教師之各項書面報告資料，以作為行動研究的佐證，臚列引用對照表如下：

編碼	資料來源
陳同學	實習計畫
何同學	實習計畫，教學單元設計
蔣同學	實習計畫，學習心得報告
王同學	教學單元設計
吳同學	實習教師訪談記錄
楊同學	實習教師訪談記錄
呂同學	學習心得報告

名詞釋義

「教師即研究者」

如果教師能更有系統地進行教學活動，則教師即是從事研究活動，教師如能在教育歷程多用點心、再加把勁、再注入一些嚴謹而精確的方法與態度，則教師即是研究者（Stenhouse, 1975）。學校教師可以根據教室的實際教學經驗，考驗「課程」當中所蘊含的教育理念之價值性與可行性。一方面，學校教師可以在教室教學過程中將「課程」所孕育的教育理念轉化為教育實踐與課程行動（McNeil, 1999）；另一方面，教師則根據教育行動與實務經驗修正「課程」所蘊含的教育理念，並進而透過教室情境當中的教育行動，建構適合學校教室情境之「課程」意義。本研究係指「教學實習」課程的授課教師扮演研究者的角色，引導修習「教學實習」課程的準實習教師學習扮演研究者的角色。

課程發展

本研究所指的課程發展，係指課程內容的選擇組織與安排設計。特別是指研究者所進行協助準實習教師所修習的「教學實習」課程方案之規劃設計，其內容包括：撰寫實習計畫、設計教學單元、從事教學演示、訪談實習教師的實際行動經驗和模擬撰寫行動研究報告等。

行動研究

就教育領域而言，「行動研究」係由實際教育工作者探究自己相關工作的問題（Adlam, 1997; Connelly & Ben-Peretz, 1997），在參與真實事件的運作過程當中進行研究工作，系統地蒐集資料、分析問題、提出改進方案、付諸實施、仔細考驗改革的影響（Carr & Kemmis, 1986）。由於行動研究強調以學校或教室內亟待

改進的實際活動爲研究內容，鼓勵實務工作者在教育行動中進行研究，在教育研究過程當中採取改革行動，以改進教育爲目的（Henderson & Hawthrone, 2000），極適合教師使用（歐用生，1996）。近年來所謂「教師即研究者」的理念，就是「行動研究」的特色之一（吳明清，1991；陳惠邦，1998）。

行動研究之途徑

探究問題

本研究之問題，主要在探究課程即研究假設、教師即研究者、教室即研究室等概念，在「教學實習」課程中的意義，研究者將「教學實習」課程視爲研究假設，鼓勵準實習教師將扮演「教師即研究者」，並將教室視爲行動研究的實驗室。

研擬方案

本研究是採取行動研究途徑，透過教學實習課程，安排準實習教師事前規劃因應未來可能遭遇的教育實習情境問題。方案內容分爲五個部分加以敘述，包括有：實習計畫、教學單元、教學演示、實習教師行動經驗的訪談和模擬撰寫行動研究報告等。分述如次：

撰寫實習計畫

撰寫實習計畫，是引導實習教師事先規劃其教育實習內容，使其能事前構思其所欲進行之教育實習目標和重點，並擬定適當

的方式完成實習內容。而本研究的實習計畫，則是研究者引導準實習教師在教學實習課程中，模擬其未來的教育實習所作之事前規劃。規劃內容包含：行政實習、教學實習和導師實習等三部分。研究者希望引導這些準實習教師透過實習計畫的撰寫，探究教育實習內容，進行深思熟慮構想（Schwab, 1971; Walker, 1990），擬定每一部分的實習內容重點，然後再規劃適當的活動和方式，並以事先撰寫的實習計畫內容為評鑑表，據以評鑑教育實習的成效。

設計教學單元

教學單元的設計，可說是教學的藍圖，是教學者對於即將進行的教學所作之事前規劃，將未來課堂上的單元教學流程轉化為書面計畫。教學單元的設計，可使準實習教師事前構思和準備教學內容，並在教學時可掌握整個教學活動的進行。其內容主要包括：學生先備知識的分析、所欲採用的教法和教具、教學的單元目標、活動流程和內容與每個步驟的時間分配等。

從事教學演示

在教學實習的課堂上，由設計教學單元的準實習教師扮演教學者，將所設計的內容模擬演練，以瞭解所設計的內容在運行時是否有其他問題或狀況是事前所沒有考慮到的因素，再調整其教學單元內容。希望準實習教師透過教學演示過程，瞭解理想與現實的差距，明白在設計教學單元時要考慮那些問題，使教學單元設計符合教學需要，並使教學過程更加順暢。

訪談實習教師實際的行動經驗

本課程要求準實習教師去訪談實習教師，雖未能完全顧及準實習教師進行本研究的意願，但是其目的可以擴增準實習教師的學習經驗，協助其瞭解教育實習的實況。但是研究者也向修課的

準實習教師說明，在教學實習課時，雖然進行實習計畫的研擬、教學單元的設計和教學演示，但其環境皆是模擬的，不同於真實情境，故建議準實習教師利用此機會去體會真實的教育情境，瞭解模擬與現實的差距。實際上，各個準實習教師也都能根據其未來所要實習的科目，透過研究者的介紹找尋相同科目的實習教師進行訪談。

模擬撰寫行動研究報告

根據訪談實習教師的結果，準實習教師對於實習教師所關注的問題，模擬撰寫一份行動研究報告。希望準實習教師藉由模擬撰寫行動研究報告，使其能勇於面對問題，研擬方案解決問題。其報告的內容，主要有關注問題的陳述、解決方案的研擬、採取行動的過程和回饋等。

協同合作

本研究的協同合作對象包括八十七學年度中正大學教育學程的四十位實習教師與修習研究者開授的「教學實習」課程之三十六位師資生。一方面，研究者透過八十七年九月二十五日、十月二十三日、十一月二十七日三次的返校座談的機會，辦理研習與調查，向實習教師簡介行動研究理念、程序與步驟，雖然初步瞭解其尚未釐清所遭遇之問題，但研究者仍鼓勵實習教師繼續探究。另一方面，研究者透過「教學實習課程」向準實習教師簡介行動研究理念、程序與步驟，以鼓勵準實習教師模擬從事行動研究。

實施方案

在實施方面，從八十八年三月起，研究者根據原先規劃的「教學實習課程」，指導準實習教師實施行動方案，包括實習計畫撰寫、教學單元設計、教學演示、訪談與撰寫報告：

實習計畫撰寫

研究者指導修習教育學程「教學實習課程」的準實習教師撰寫實習計畫，包括：教學實習、導師實習與行政實習。其中內容涵蓋實習重點及目標、主要實習活動及實習方式、預定進度（實習時間與範圍）。詳述如下：

1.就教學實習而言：準實習教師撰寫的重點，在於規劃教學實習內容。以陳同學為例，在實習重點與目標方面，著重於瞭解學生的程度、依學生理解的程度來設計其容易吸收的教案。在主要實習活動內容及實習方式方面，則是協助實習輔導教師、觀摩實習輔導教師、獨立擔任某幾班的教學活動等。在預定進度方面，希望循序漸進（資料來源：陳同學／實習計畫）。以何同學為例，在實習重點與目標方面，著重於擬定合適教案、儘量讓學生有參與機會；在主要實習活動內容及方式方面，則是觀摩實習輔導教師、問卷調查學生實習概況、事前演練並蒐集資料等；在預定進度方面，希望前兩個月只在一個班級教學，第三個月開始增加教學班級的數目等（資料來源：何同學／實習計畫）

2.就導師實習而言：準實習教師撰寫的重點，在於規劃導師實習內容。以蔣同學為例，在實習重點與目標方面，著重於班級常規的建立、學生狀況的瞭解與掌握、師生溝通管道的建立；在主要實習活動內容及方式方面，則是參與班會的進行、協助班級事務分配、定期與學生個別談話；在預定進度方面，希望第一學

期擔任助理導師、第二學期再獨立擔任實習導師（資料來源：蔣同學／實習計畫）。

3.就行政實習而言：準實習教師撰寫的重點，在於規劃行政實習內容。以蔣同學為例，在實習重點與目標方面，著重於瞭解輔導室的主要工作、協助各項例行事務、學習輔導與諮商技巧等；在主要實習活動內容及方式方面，則是協助規劃、觀摩輔導諮商技巧、測驗的施行與解釋等。在預定進度方面，希望第一學期先觀摩輔導諮商技巧，在第二學期獨立接受需要輔導的個案（資料來源：蔣同學／實習計畫）。

教學單元設計

八十八年四月，研究者指導準實習教師進行教學單元設計，希望準實習教師能夠針對教學日期、單元目標、教學活動、學生活動、評鑑活動、教材選擇加以設計，並允許學生在既有的原則下發揮創意。由於準實習教師來自於各系所，因此，單元設計的素材相當廣泛，以物理系的何同學為例，她便針對國二理化「聲音的產生與傳播」進行教學單元設計（資料來源：何同學／教學單元設計）。準實習教師透過教學單元設計的練習，一方面可以培養準實習教師撰寫教學計畫的能力，一方面亦能作為其進行教學演示的參考依據。

教學演示

八十八年五、六月，研究者進一步指導準實習教師進行所謂「假試教」，在十五至二十分鐘之內，準實習教師就自己原先設計的教學單元，在模擬實際中學教學情境中，以自己的同儕為教學對象，配合教學媒體進行教學演示。演示的過程以何同學為例，涵蓋引起動機、教材說明、學生舉例、評量活動、檢討結束…等（資料來源：何同學／教學單元設計）；此外，以王同學為例，則

先透過教師的講述，以提問題的方式察看學生是否瞭解、給予學生適當回饋、最後進行實例習作、指定課後作業…等。（資料來源：王同學／教學單元設計）。透過「假試教」，一方面可以讓準實習教師更瞭解自己在教學上的盲點，另一方面更可提供研究者作爲教學實習課程的反省回饋。

訪談

八十八年四、五、六月，研究者指導準實習教師，針對三十六位正在進行教育實習的實習教師進行晤談，探究實習教師的經驗。但是，訪談的對象，是由準實習教師接洽有意願接受訪談的實習教師，而且訪談主題以實習教師的實習經驗爲主，並未統一規定相同的訪談大綱。以政治所的吳同學訪問大業國中「公民與道德」教師爲例，其訪談內容包括：實習教師與實習輔導老師的相處之道、公民科實習教師在教學上的最大的困難及解決之道…等（資料來源：吳同學／實習教師訪談記錄）；另外，以語言學系的楊同學訪問玉山國中的陳姓實習教師爲例，其訪談內容則包括：研究問題概述、策略研擬、合作對象、行動實施及評鑑與回饋…等（資料來源：楊同學／實習教師訪談記錄）。藉由訪談過程，不僅可讓準實習教師瞭解實習教師在眞實教學情境的困難，研究者也可以從準實習教師對於訪談過程的陳述與感想，更進一步釐清實習教師所應具備的知能，俾有助於調整教學實習課程。

撰寫報告

八十八年六月，研究者開始針對準實習教師的行動研究經驗加以探究，其中，重要的依據來自於準實習教師期末呈現的模擬行動研究報告。準實習教師在歷經了實習計畫的撰寫、教學單元的設計、模擬教學演示與訪談實習教師一連串實際行動經驗之後，於學期末撰寫報告。從這些準實習教師的探究經驗中，研究

者可以深入理解準實習教師的行動探究歷程，並作爲教學實習課程修正的反省依據。

評鑑反省

在實施行動方案之後，研究者進行評鑑反省，以瞭解準實習教師是否確實瞭解「課程即研究假設」、「教師即研究者」、「教室即實驗室」等概念在「教學實習課程」情境當中的意義，協助準實習教師在教學實習情境中學習行動研究的理念。

課程即研究假設

「教學實習課程」是有待在實際教育實習情境加以考驗的「研究假設」，也是研究者進行行動研究的「研究假設」。參與行動研究方案的三十六位準實習教師，進行觀察與訪談實習教師，並撰寫行動研究專題報告後，對於實習教師所遭遇的教學困難有所體會，瞭解教育理想與實際的符應與落差，認知到其所接受的「教學實習課程」，是一種必須在教育實習情境與實地教育情境中加以檢證的「研究假設」。

以準實習教師對「教學實習課程」的反省爲例，他們反思「教學實習課程」的設計，對於課程的安排、上課方式、教學演示的安排等，提出下列四點建議：

1. 建議確實控制教學演示的時間分配。
2. 建議演示場所可以配合將來教學的實際情況。
3. 建議增加校外參觀實際教學的機會。
4. 建議採用同科方式一起演示，使同性質的教學得以相互切磋。

上述的建議，如同針對「教學實習」進行的一次研究假設的考驗與回饋，研究者可根據上述建議，作爲再次修改「教學實習」課程的依據，亦可成爲下次行動研究的開端。

另一方面，由實習教師的訪談與模擬行動研究的反省報告中可以發現，準實習教師也能發揮「課程即研究假設」的精神。例如，蔣同學表示：「翻閱這些（國中）課本，發現現今的教材均走活潑化、生活化的路線，務期能誘發學生的學習動機，但是在廣度上仍有些未能涵蓋的部分，而這些是現實情況中較迫切需要的，例如，壓力的管理、EQ、法律常識等等…」（蔣同學／學習心得報告）。其他亦有許多同學提到希望調整現今學校課程安排的建議，由此可見準實習教師已經逐漸瞭解「課程即研究假設」的理念。

教師即研究者

教師置身於教室與學生直接接觸，是教學的主要靈魂人物，教師以其教學實務經驗進行研究，可以修正課程中的教育理念，以達到教育改革的目的。準實習教師透過教學實習的課程安排，使其在面臨實務與理想的衝擊下，以進行問題的探究並能夠尋找支持的力量，可在其進入實際教育現場之前，獲得增權和增能並形成「教師即研究者」的概念（歐用生，1999）。

研究者分析準實習教師訪談實習教師的報告與模擬行動研究報告，發現其經過與實習教師進行訪談後，大都瞭解實習教師有必要從事行動研究以解決教學問題，而產生認同「教師即研究者」的學習。例如，呂同學經過訪談實習教師後，對於往後的教學工作認爲「老師所要面臨的是全新的挑戰及改革」，教師應避免教學的枯燥，注意學生的興趣，應用與蒐集廣泛的資料，使教學的「內容更加完整與豐富」（呂同學／學習心得報告）。另外大多數的準實習教師皆對自己的試教經驗作了檢討與反省，針對課程的設

計、活動的進行、受教者的反應等面向進行檢討，以研究如何改進教學，頗能發揮「教師即研究者」的精神。

教室即實驗室

研究者透過「教學實習」課程，進行行動研究，引導準實習教師經由設計教學單元、教學演示、並與實習教師進行訪談，瞭解實際教學現場的教室情境，而不至於建構不切實際的教學夢想，並引導準實習教師明瞭教室即為進行課程驗證的實驗室，從而透過行動研究，幫助學生提昇學習品質。

研究者觀察到許多準實習教師對「教學實習」課程的學習心得中提到「教學實習」課程設計，安排機會協助其接觸實際的教學現場與親自進行教學演示，使其瞭解可在教室中檢驗課程並印證理論，並體會「教室即實驗室」的精神。

研究結果與討論

綜合上述所論，就此項課程行動研究的結果討論如次：

教學實習課程即行動研究假設

教學實習課程，乃是研究者在教學實習此門課的教室情境當中進行「行動研究」的規劃說明，而且置身於教室當中的研究者，以教學實務經驗考驗教學實習課程當中的理念，並根據行動研究結果修正教學實習課程的理念。研究者一方面透過實習計畫、教學單元設計、教學演示、訪談實習教師、撰寫行動研究報告等五個方案，來增進準實習教師的基本能力，另一方面同時採取行動研究途徑考驗這五個方案，亦即把教學實習課程當作行動

研究假設加以考驗，檢視其是否能夠協助準實習教師獲得上述能力。

　　這不僅說明了「教學實習課程即研究假設」的重要性；更強調「教學實習」的授課教師與修習教育學程「教學實習課程」的準實習教師，皆必須具備參與學校教室層次課程發展能力，皆必須在教室情境扮演「研究者」之角色，將「教學實習課程」視為「有待於教室情境中加以考驗的研究假設」，並採取教室層次的課程發展行動研究加以考驗。

教學實習師生即研究者

　　在傳統的教學實習的課程當中，師資培育者扮演教師的角色，準實習教師扮演學生的角色，師生的關注焦點強調教學方法與內容演練，而且往往偏重學生試教的檢討，忽略師資培育者本身的反省。在本研究中，研究者一方面擔任師資培育者的角色進行「教學實習」的授課教師，另一方面同時進行「教學實習」的行動研究，不僅鼓勵學生反省試教過程與結果，更鼓勵準實習教師對教學實習這門課提出建議。而且研究者也不斷的根據反思與學生建議作為修正課程的參考依據。修課的準實習教師也在研究者的建議之下，學習扮演著研究者的角色，針對課程進行考驗。

　　從實際導向的觀點而言，「教學實習」課程的授課教師必須面對現實學校教育現象與問題，才能針對準實習教師的實際需要，提供切中教學實際的課程內容；從歷程取向的觀點而言，「教學實習」授課教師，必須提供準實習教師模仿認同的典範，以本身的教學，提供學生模仿認同的學習機會；從反省批判的觀點而言，教學工作如同一種藝術，具有獨特性與不確定性，必須經過不斷反思，針對自己的教學進行批判檢討與改進。可見「教師即研究者」的課程發展進路，合乎師資培育的實務取向、歷程取

向與反省批判取向的原理（林生傳，1997），可以引導準實習教師，從課程實務行動、教師身教示範與教育理念批判的教學歷程當中，獲得成為教師的教育專業知能。

教學實習教室即課程實驗室

「教學實習課程」的授課教師，可以根據教室情境當中的實際教學經驗，考驗課程當中所蘊含的教育理念之價值性與可行性。一方面，授課教師，可以在教室情境中，將「教學實習課程」所蘊育的教育行動理念轉化為課程行動；另一方面，研究者則根據教育實務經驗修正課程所蘊含的行動理念，進而透過教室情境當中的課程行動，建構適合教室情境之課程意義（蔡清田，1998；1999）。

為了驗證教學實習課程是否具有教育價值，為了驗證課程是否在教室實際情境中具有教育的可行性，課程可以視為在教室情境中有待授課教師與準實習教師雙方加以考驗的一套課程行動研究假設，並且將教室視同課程的實驗室。教師必須根據教室情境中的實際經驗，去修正、接受或拒絕任何普遍的原理原則（蔡清田，2000）。

結語

課程所蘊含的教育理念與知識本質，是可以進一步探究的行動研究問題，是開放的、可以質疑的，不是理所當然的。教師對所規劃的「課程」與教學內容及方法，應該因時因地因對象而制宜，而且必須在教室實驗室的情境當中加以考驗或修正，彈性因

應實際教室情境的需要。教師可以把教室當成課程的實驗室，教學便是進行實驗研究，而教師與學生則是共同進行研究的學習伙伴。課程是有待考驗的研究假設，教學行動就是實驗的自變項，學習成果就是依變項，而學習影響則是師生共同研究之對象。

「課程即研究假設」、「教師即研究者」與「教室即實驗室」的概念，可以協助教師透過行動研究，將教育理念轉化爲教育行動，進而理解知識、學習、教學之本質（蔡清田，2000）。特別是「教學實習課程即研究假設」、「教學實習師生即研究者」與「教學實習教室即課程實驗室」的概念，可以協助授課教師與準實習教師經由教學實務考驗教育理念，並鼓勵透過教學實務反省以建立教育專業判斷。

就課程發展行動研究螺旋而言（McKernan, 1996），一方面，研究者本身開授「教學實習」課程，有必要採取「教師即研究者」的研究立場，視「教學實習課程即研究假設」，將授課內容視爲一種暫時的研究假設，考驗所規劃的課程目標、授課教學內容與方法，是否眞正能協助準實習教師獲得有用的學習經驗，協助其在教育實習階段的實習情境當中成爲一位勝任的實習教師，同時並裝備準實習教師具備「教師即研究者」的研究態度與知能，奠定日後成功勝任教職的教育專業基礎，並不斷反思課程目標與教學內容方法，以充實學生學習經驗。另一方面，修習「教學實習」課程的準實習教師，也有必要獲得「教師即研究者」的研究知能，培養行動研究態度與能力，並願意在教育實習階段的情境當中實地考驗自己在修習教育學程的「教學實習」課程，嘗試扮演「教師即研究者」的角色，透過教育行動，實踐教育理想與課程目標，理解所學是否能眞正幫助自己日後成爲一位勝任教職的教師，並且獲得必要的行動研究知能，以便自己日後在實際教學情境當中也能夠扮演「教師即研究者」的角色，並且採取「課程即

研究假設」的審慎態度，不斷反思課程目標與教學內容方法，改進自己的教學，提昇學生學習經驗的品質。因此，教師不只是一位教學者，也是一位研究者，更是一位學習者（Schön, 1987），可以從課程發展過程中享受「教學相長」之專業成長，而且教師在教育理念的不斷發展建構的歷程當中，可以促進專業成長，並逐漸建立「教師即研究者」的專業地位。

參考書目

中文部分

吳明清（1991），《教育研究：基本觀念與方法之分析》。台北：五南。

林生傳（1997），教育學程的教學研究：大學文化與資源的觀點。八十六年度國科會教育革新整合型研究計畫成果分析研討會。高雄：國立高雄師範大學教育系。

黃光雄（1996），《課程與教學》。台北：師大書苑。

黃光雄、蔡清田（1999），《課程設計》。台北：五南。

陳惠邦（1998），《教育行動研究》。台北：師大書苑。

陳伯璋（1988），《教育研究方法的新取向：質的研究方法》。台北：南宏。

歐用生（1996），《教師專業成長》。台北：師大書苑。

歐用生（1999），《新世紀的學校》。台北：臺灣書店。

蔡清田（1997），由「以教師教學為依據的課程發展」論「教師即研究者」對課程發展與教師專業成長的教育啟示，《公教資訊》，1（1），32-41。

蔡清田（1998），從行動研究論教學實習課程與教師專業成長。載於《中華民國師範教育學會主編教師專業成長：理想與實際》，1998，177-202。台北：師大書苑。

蔡清田（1999），行動研究取向的教育實習典範理念與實踐。教育實習的典範與實踐 學術研討會。教育部指導。國立臺灣師範大學主辦。1999年4月30日。台北。

蔡清田（2000），《教育行動研究》。台北：五南。

蔡清田（2001），《課程改革實驗》。台北：五南。

英文部分

Adlam, R. (1997). Action research as a process of illumination: coming to a new awareness in the practice of management education. *Educational Action Research*, 5 (2), 211-229.

Carr, W. & Kemmis, S. (1986). *Becoming critical: Education, knowledge and action research*. London: Falmer.

Connelly, E. M. & Ben-Peretz, M. (1997). Teachers, research, and curriculum development. In Flinders, D. & Thornton, S. (1997) (eds.) *The curriculum studies reader*. London: Routledge.

Elliott, J. (1998). *The curriculum experiment: Meeting the challenge of social change*. Buckingham: Open University Press.

Henderson, J.G. & Hawthrone, R. D. (2000). *Transformative curriculum leadership*. N.J.: Prentice Hall.

McKernan, J. (1996). *Curriculum action research: a handbook of methods and resources for the reflective practitioner*. London: Kogan Paul.

McNeil, J. (1999). *Curriculum: the teacher's initiative*. New York: Merrill.

Schön, D A. (1987). *Educating the reflective practitioner*. London: Jossey-Bass.

Schwab, J. J. (1971). The practical: A language for curriculum. in Levit, M. (1971) (ed.), *Curriculum*. (pp. 307-330) Chicago: University of Illinois Press.

Stenhouse, L. (1975). *An introduction to curriculum research and development*. London: Heinemann.

Walker, D. F. (1990). *Fundamentals of curriculum*. N. Y.: Harcourt Brace Jovan.

第六章
從國小教師的教學決定談社會科教學革新

洪若烈

緒論

研究動機

　　教師為課程－教學的看門者（gatekeeper），看門的意義係指教師所做的課程與教學決定，以及用以做決定的標準（Thornton, 1991）。教師的決定不僅影響教室內師生的互動：而且更關係著革新課程的教學成效。三十年前，美國的社會課程改革運動即是一個典型的例子。受到前蘇聯發射史波尼克衛星的刺激，美國重新檢討其學校教育實施的利弊得失，於一九六〇年末與一九七〇年初掀起一陣課程改革的浪潮。其中小學社會科參照自然科概念發展模式，在一群學科專家、課程專家和教育心理學者共同合作下，發展出一套社會科新教材（包括：課本、教學指引或手冊、習作、學習單等）以促進探究或發現式的教學。雖然這一群人致力於社會課程的革新，然而，研究結果顯示，大多數教師並未使用新的教材和教學策略。社會科改革運動失敗，並非新課程本身，而是教師如何改編和選用這一套教材以適合自己的教學需要（Gross, 1977; Shaver, Davis & Helburn, 1980）。誠如Sosniak 和 Stodolsky（1993）描述的：課程改革所遭遇的問題，責任不在教材本身：教材也不必然直接影響學生的學習。教師是教學的經理人，透過教材傳遞，監控學生的進展。由此可見，教師面對課程改革的挑戰時，如何做合適的教學決定，才是課程改革成功與否的關鍵所在。

　　近十年來，為因應社會迅速變遷與提昇國際競爭力的需要，我國也加快了教育改革的步伐。以國民小學課程革新為例，民國八十二年教育部公布「國民小學課程標準」，並自民國八十五年九

月開始逐年實施，預計至民國九十一年六月全部完成。未料，此項課程改革尚未結束，在民間團體與社會各界人士再次呼籲教育改革的壓力下，教育部於民國八十七年九月又公布了「國民中小學九年一貫課程暫行綱要」，將於今（九十）年九月開始實施。面對如此劇烈的課程改革，教師如何以美國新社會科運動失敗為借鑑，做適切的課程與教學決定，以落實改革的成效，實有深入探討的必要。

研究目的

本研究主要目的在探討國小教師於進行社會科教學時，做教學決定的實際情形，包括：教學內容、教學方法、影響因素等內涵。具體言之，本研究目的有下列四項：

1. 國小教師做社會科教學內容決定的依據。
2. 國小教師在呈現這些教學內容時，採用的教學方法。
3. 國小教師做社會科教學決定的影響因素。
4. 歸納研究結果，提出具體建議，供未來社會科教學與研究的參考。

研究方法

本研究主要以文獻分析的方法，探討國小教師的社會科教學決定一包括教學內容和教學方法的決定，以及影響教學決定的因素；並輔以實際教學觀察、訪談方法，瞭解教師在教室情境中，進行社會科教學的實況。茲將研究方法分述如下：

文獻分析

本研究主要工作在藉助文獻分析的方法，蒐集與整理國內外

有關教師的課程與教學決定的研究資料，以瞭解國小教師教社會科時，教學內容和教學方法決定的依據，以及影響他們作教學決定的因素。

觀察

觀察係指進入教室現場，依據研究目的，瞭解研究情境。本研究教學觀察的對象是一所位於台北縣板橋市的大型國小，以六年級的三位社會科科任教師為對象，就其任教班級各挑一班，進行教學觀察。當這三位教師進行六下第一單元「民主與法治」教學時，研究者進入現場，連續觀察五星期，每星期對每位教師至少觀察二次。觀察重點為教師實際的教學內容、採用的教學方法以及師生互動的情況。

訪談

訪談的目的在瞭解教師對課程與教學的想法或看法，依據研究目的，本研究訪談的重點在教師如何決定「民主與法治」單元的教學內容和教學方法，作決定的依據及其考慮因素。

研究限制

限於時間與人力，本研究有以下幾項限制：

1.研究對象的選取，僅以台北都會區的一所大型學校為主，無法瞭解不同地區與不同類型的學校。
2.配合教師意願與學校課程的安排，僅能選取三位六年級教師進行教學觀察與訪談，獲知是六年級教室內的教學情況，無法推知其他年級的實際情形。
3.研究的焦點，僅為一個單元五週的教學時間，對於其他不同性質單元和不同教學時間，是否會獲得不同的結果，尚

待進一步研究。

教師教學決定的探討

教師在課程與教學中扮演著各種不同的角色，可以是知識的傳遞者（Brophy & Good, 1986）；可以是教學的看門者（Thorton, 1991）；可以是課程與教學的決定者（Engle & Ochoa, 1988）。就做為看門者或決定者的角色而言，教師必須決定教哪些教學內容以及採用哪些方法教它們，據此，教師的教學決定以教學內容和教學方法為主。

教學內容的決定

至於教師做教學內容決定的依據為何？國內外的研究顯示，教科書（包括：課本、習作和學習單、教師手冊或教學指引）是教師教學的主要依據，尤其是中小學的社會科。陳麗妃（民90）研究一位泰雅族教師的教學決定發現，這一位奈老師社會科教學內容的決定主要以教科書內容為主，並著重在良好生活習慣的養成。陳曉綺（民89）探討一位國小語文科教師教學決定的歷程發現，這一位廖老師的教學計畫來源很廣泛，包括：教學指引、各項藝文展覽、研習與閱讀心得等。美國的EPIE（Educational Products Information Exchange, 1976）機構的研究結果顯示，教室內的活動有90%的教學時間集中在教材使用，而其中三分之二的時間花在教科書上，教科書是教師建構教學計畫與教室教學的主要基礎。Kon（1995）的研究發現，很多教師認為教科書如同聖經般的具有權威性，因此非常依賴教科書作決定。教科書是他們

教學的主要來源，教科書的內容是他們教學的全部。有些學者更進一步分析，國小教師非常依賴教科書教學有幾項理由：（1）呈現組織且循序漸進的內容並提供豐富的教學活動；（2）予以教師安全感，因為他們從教科書中知道要教什麼；（3）協助教師組織教室內的活動；及（4）整合大量的教學資源，可節省教師做教學計畫的時間（Bean, Zigmond & Hartman, 1994; Schug, Western & Enochs, 1997）。

教學方法的決定

教師在教學方法的決定方面，受到他們以教科書為主要教學內容的影響，大多數人採取保守的（defensive）教學，以教師為中心，注重講述、問答和背誦，方能保證教完教科書的內容，而學生很少有機會對其所學的知識做批判思考與應用；相對地，少數教師採用建構式（constructive）教學，提供學生參與機會，並建構自己的知識。Cuban（1991）在其「社會科的教學史」（History of Teaching in Social Studies）一文中指出，美國四十年來的社會科教學係以「穩定甚於改變」為表徵。就穩定觀點而言，教師的教學方法主要是二種型式：一為教師中心的教學；另一為教師為主結合學生參與的教學。前者包括：使用教科書、教師為知識的來源、口頭問答、學習單和測驗等活動，教師的教學以說教（呈現知識、解說、澄清）為主，偶爾使用視聽輔助教材補充其教學活動。後者除了教師中心的教學外，有時融入討論、角色扮演、辯論和選擇主題研究等學生活動。

就改變觀點而言，僅有少數教師採用探究教學、解決教學問題、學習如何學習的技巧等教學方法。另一位學者Armento（1986）亦有類似的評述，美國雖然投入了大筆資金和專家學者參與發展革新的教材，但是今日的社會科教學跟二十年前比較，

並無太大的改變，講述和口頭問答仍然是主要的教學策略；教科書依舊是基本的教學工具。

在國內相關研究方面，前述陳麗妃（民90）的研究指出，國小教師對教學方法的決定，經常使用口令、懲罰、示範教導常規。而其他的研究結果顯示，大多數國民中小學教室情境中的活動，仍以教師爲中心，以教科書爲主要的教學內容，講述和問答爲常見的教學方式（周祝瑛，民84；柯華葳、幸曼玲、林秀地，民84）。可見，教師是擁有權利的威權者，掌控了教室內大部分的教學活動。

教學決定的影響因素

國小社會科課程主要以歷史、地理、政治、經濟、社會與心理學的基本知識和概念爲架構，涵蓋的內涵相當廣泛，教師想深入瞭解全部內涵是不容易的。因此，社會科課程實際是一系列的可能性（potentials），開放給教師許多可能的詮釋和利用（Ben-Peretz, 1975）。國小教師在決定社會科教學內容和教學方式時，必然是經過自己對社會課程的認知與詮釋的。

究竟有哪些因素影響教師的詮釋與教學決定？陳麗妃（民90）研究發現，影響教師社會科教學決定的因素，主要包括：教師個人背景、學生背景因素和情境因素；沈桂枝（民84）的研究結果，影響教師體育教學決定的因素有教師本身的因素、學生的因素和環境的因素三大類。歸納兩者研究結果，教師個人因素、學生因素與情境因素三者，會影響教師的教學決定。

就教師因素而言，教師的教學信念、教學經驗和專業知識與其教學決定有關（沈桂枝，民84）。Stanley（1991）即指出，愈具

有專業知識的教師，愈有可能挑戰教科書的內容與教學策略；反之，專業知識不足的教師，傾向於祇教教科書內容。

就學生因素而言，學生的學習態度和興趣、學習能力和經驗等影響教師的教學決定（沈桂枝，民84；陳曉綺，民89）。Kon（1995）即指出，教師會考慮學生的背景知識不足，或者是教材太難，而決定修改教材內容。

就情境因素而言，教科書內容、教室管理和教學進度等與教師的教學決定有關（沈桂枝，民84）。McCutcheon（1981）研究小學教師的課程與教學決定，發現實際事務如教室控制、教材取得的方便與否，是他們作決定的主要考慮因素。

教師教學決定的探究：三位六年級社會科教師的觀察

學校與教師背景概況

依據研究目的，本研究對象是台北縣板橋市區的一所大型國民小學的三位六年級社會科教師，以及他們採用的國立編譯館（民88）統編的國小社會第十二冊課本、教師手冊及習作。這些參與教師的背景資料與教學單元「民主與法治」內涵，分別整理成下列的表1和表2。

表1 參與研究教師背景資料摘要表

教師	教學年資	教社會科年資	專長	教育背景
梁老師	12	10	社教系	師院
陳老師	10	7	初教系	師院
蔡老師	10	8	文學系	師資班

表2 「民主與法治」單元內涵整理表

課次（主題）	教學節數	主要教學活動
民主的意義	2	提示、發表、討論、統整、報告、閱讀、問答、習作活動
民主政體	3	複習（2）、閱讀、分組學習、統整（2）、報告、討論、發表、問答、習作活動
民主政治的實施	3	提示、問答、演練、統整（2）、發表、閱讀、分組討論
我國的憲法	1	複習、分組討論、統整、習作活動
民主的生活	5	提出情境、問答（2）、分組討論（3）、複習（2）、報告（2）、分析、統整（3）、提出問題、習作活動、角色扮演

說明：

1.本表依據民國八十八年國立編譯館出版的國小社會第十二冊課本目次及教師手冊整理而成。

2.（ ）內的數字指該項教學活動出現的次數。

三位教師「民主與法治」教學決定的討論

　　根據研究者觀察和訪談結果，三位教師的教學內容與教學方法決定的實際情況如下：

教學內容的決定

　　三位教師決定「民主與法治」單元的教學內容，主要以教科書為主。教學範圍完全依據課本的內容，而且教學的順序則按照課本呈現的課次：民主的意義、民主政體、民主政治的實施、我國的憲法、民主的生活逐課進行。而其中梁老師於教「民主政體」和「民主的生活」主題時，將教師手冊第三十九頁「國體與政體」和第五十四頁「少年虞犯」的參考資料，列入教學補充說明。此外，三位教師的各課（主題）實際教學時數並未依照表2所列的節數進行，完全根據自己的教學經驗以及實際教學情況，決定各課教學時間的長短。此一觀察發現，與陳麗妃、陳曉綺、Kon等人的研究結果相似。當研究者訪問蔡老師如何決定「民主與法治」單元的教學內容時，她毫不猶豫地說：「當然是先教完課本內容，再考慮其他補充資料。如果段考前沒把課教完，那學生的考試成績一定慘不忍睹…」。

　　教師認為課本的內容即是教學的一切，亦即「教科書內容等於課程全部」的觀念，不僅侷限自己的角色在傳遞書本的知識；而且忽略了學生為學習主體的事實。學生的學習焦點不應該只記憶書本的知識，更重要的是將所學知識加以統整和應用。因此，教師在決定教學內容時，宜先改變自己的觀念和角色，教科書只是教學的一種參照工具，並非教學的唯一依據。作決定時，依據探討主題的性質，適時納入課外補充資料或引導學生蒐集相關資料，從知識傳遞者轉變成知識經理人，協助學生建構知識。

教學方法的決定

　　三位教師決定「民主與法治」單元的教學方法，主要以講述、問答和討論為主，偶爾會讓學生蒐集資料，並做口頭報告。教室內的教學以教師為中心，教師幾乎將所有的時間花在講述課本的內容上，並未依照教師手冊設計的各節教學活動進行。而其中梁老師於教「我國的憲法」和主題時，讓學生分組查閱憲法的章程和內容，如憲法規定之人民的基本權利、義務等，並與課本內容做比較，以加深學生學習的經驗。此一觀察發現，與周祝瑛、柯華葳等、Cuban、Armento等人的研究結果相似。當研究者訪問梁老師如何決定「民主與法治」單元的教學方法時，他回答說：「這個單元的教材內容屬知識性的，像民主的意義、民主政體，我必須花很多時間講解，他們（學生）才比較容易懂，要讓他們討論門都沒有…」。

　　三位教師未能察覺社會科教學著重探究、批判思考、解決問題能力的培養，卻根據自己的教學經驗，採取以說教為主的保守教學，學生只能被動地接受知識，死記課本內容，無法對其所學知識批判和應用。因此，教師在決定教學方法時，宜先參照教師手冊內設計的教學活動，採用多樣而豐富的活動，讓學生經由討論、角色扮演、辯論、主題探究過程，建構自己的知識。

三位教師「民主與法治」教學決定影響因素之分析

　　三位教師做「民主與法治」單元的教學決定，主要考慮教學進度和內容、學生程度和教學經驗三項為主。以教師為中心、以教科書為依據的教學決定，是受到教學進度和內容的影響，蔡老師決定「民主與法治」單元的教學內容時，「先教完課本內容」的說法，即是佐證。學生是學習的主體，教師的教學決定自然以

學生為考慮前提，教學內容的決定參照學生的學習經驗和能力；教學方法的決定，則從學生的興趣出發。因此梁老師有「…像民主的意義、民主政體，我必須花很多時間講解，他們（學生）才比較容易懂」的說法。教師的教學決定往往受到自己教學經驗的影響，三位教師的各課（主題）實際教學時數並未依照教師手冊所列的節數進行，完全根據自己的教學經驗以及實際教學情況，決定各課教學時間的長短。據此，這三項因素彼此相互作用，同時對教師的教學決定產生影響。

結論與建議

綜合上述文獻資料和實際教學觀察結果，本研究獲得以下三項結論：

1. 國小教師作社會科教學內容決定時，主要以主要以教科書為主。教學範圍完全依據課本的內容，而教學的順序則按照課本呈現的課次（主題）。
2. 國小教師做社會科教學方法決定時，主要以講述、問答和討論為主，偶爾提供學生蒐集資料、口頭報告的機會。教師並未依照教師手冊設計的各節教學活動進行教學。
3. 國小教師做社會科教學決定的影響因素，主要考慮教學進度和內容、學生程度和教學經驗三項為主，這三項因素彼此相互作用，同時對教師的教學決定產生影響。

根據研究結果，本研究提出兩項建議：

1. 國小教師社會科教學決定的觀念，宜做適度的調整。教師

必須摒棄只教教科書內容和以教師為中心的教學觀念，不可將教科書當成是教學唯一的依據，而應善用教科書此一工具，進行以學生為學習主體的教學。教學方法的決定必須掌握社會課程的特性，除了講述、問答和討論活動外，並著重探究、批判思考等高層次的心智活動。

2.國小教師的社會科教學決定雖然受到很多因素的影響，但是學生的經驗和能力應優先考慮。教學內容的選擇與安排，必須參照學生的生活經驗及其發展能力；教學方法的使用，則以學生的學習興趣和學習能力為起始。如此，方能增進社會科教學的效能，並提昇社會科教學的品質

參考書目

中文部分

沈桂枝（民83），國民小學教師體育教學決定影響因素之研究，國立台北師範學院初等教育研究所碩士論文，未出版。

周祝瑛（民84），國中日常教學活動之生態研究，行政院教育改革審議委員會報告。

柯華葳、幸曼玲、林秀地（民84），小學日常教學活動之生態研究，行政院教育改革審議委員會報告。

陳曉綺（民89），國小教師教學決定歷程之詮釋性研究：以一位語文科教師為例，台北市立師範學院國民教育研究所碩士論文，未出版。

陳麗妃（民90），國小教師教學決定：以一位泰雅族教師為例。國

立台北師範學院課程與教學研究所碩士論文，未出版。

英文部分

Armento, B. (1986). Research on teaching social studies. In M. C. Wittrock (Ed.), *Handbook of research on teaching* (2nd ed., pp. 942-951). New York: Macmillan.

Bean, R. M., Zigmond, N., & Hartman, D. K. (1994). Adapted use of social studies textbooks in elementary classrooms. *Remedial and Special Education*, 15(4), 216-226.

Ben-Peretz, M. (1975). The concept of curriculum potential. *Curriculum Theory Network*, 5, 151-159.

Brophy, J., & Good, T. L. (1986).Teacher behavior and student achievement. In M. C. Wittrock (Ed.), *Handbook of research on teaching* (3nd ed., pp. 328-375). New York: Macmillan.

Cuban, L. (1991). History of teaching in social studies. In J. P. Shaver (Ed.), *Handbook of research on social studies teaching and learning* (pp. 197-209). New York: Macmillan.

Engle, S. H., & Ochoa, A. S. (1988). *Education for democratic citizenship education*. New York: Teacher College.

EPIE Institute (1976). *National study on the nature and quality of instructional materials most used by teachers and learners*. New York: EPIE Institute, Teacher College.

Gross, R.E. (1977). The status of the social studies in the public schools of the United States: Facts and impressions of a national survey. *Social Education*, 41, 194-205.

Kon, J. H. (1995). Teachers' curricular decision making in response to a new social studies textbook. *Theory and Research in Social*

Education, 23(2), 121-146.

McCutcheon, G. (1981). Elementary school teachers' planning for social studies and other subjects. *Theory and Research in Social Education*, 9(1), 45-66.

Schug, M.C., Western, R.D., & Enochs, L.G. (1997). Why Do social studies teachers use textbooks? The answer may lie in economic theory. *Social Education*, 61(2), 97-101.

Shaver, J.P., Davis, O.L. Jr., & Helburn, S.W. (1980). An interpretive report on the status of precollege social studies education based on three NSF-funded studies. In *What are the needs in pre-college science, mathematics, and social science education? Views from the field* (pp. 3-18). Washington, D.C.: National Science Foundation.

Sosniak, L. A., & Stodolsky, S. S. (1993). Teachers and textbooks: Materials use in four fourth-grade classrooms. *The Elementary School Journal*, 93 (3), 249-275.

Stanley, W. B.(1991). Teacher competence for social studies. In J. P. Shaver (Ed.), *Handbook of research on social studies teaching and learning* (pp. 249-262). New York: Macmillan.

Thorton, S. J. (1991). Teacher as curricular-instructional gatekeeper in social studies. In J. P. Shaver (Ed.), *Handbook of research on social studies teaching and learning* (pp. 237-248). New York: Macmillan.

第七章
行動研究的行動研究：研究歷程的反思

方德隆

反省是研究的開始

　　每學期期末的例行公事就是閱讀五至十篇校內外的學位論文，有些文章令人激賞與讚嘆，也有的讀起來索然無味，不同的感受與評價或許見仁見智，但是對於一篇好的論文總該有些共識，而對如何做研究、撰寫論文，也應有規準可循。就我個人的經驗而言，指導老師如何「指導」研究生，可說是「從做中學」，在與研究生討論的過程中共同成長。在邁向新世紀之前慶幸可以「送走」一篇歷經七年而完成的碩士論文，一方面覺得心願已了，總算有一個圓滿的結局；另一方面，多年來也時常反省與學生的互動過程，實在有必要認真地深入探討。直到有一天在電子信箱收到下列一封信，使我更強烈地感覺到我們所處的學術社群本身就是很值得探究的對象。

寄件者：No Fun <no fun@ms286.hinet.net>[已查無上址]
收件者：眾苦難兄弟姐妹們
日　期：1999.03.25. 22:27
主　旨：對面的教授看過來

各位同學們，計畫完成了嗎？唱個歌吧！

對面的教授看過來　看過來　看過來
這裡的計畫很精彩　請不要假裝不理不睬

對面的教授看過來　看過來　看過來
不要對我的哀求嚇壞　其實我　很無奈

×研學生的悲哀 説出來 誰明白
求求你丟個題目過來 幫幫我 不要裝癡呆 唉⋯唉⋯

（嘿嘿⋯沒人收我）

我左改右改 上改下改 原來每個變項都不相關
我改了又改 改了又改 原來每個教授都很大牌
×研學生的大災難 像阻礙 像迫害

為什麼計畫 不出來 無人收我啊 真悲哀
對面的教授看過來 看過來 看過來

可憐學生計畫出不來 希望你不要嫌我菜 唉⋯唉⋯
這歌只有我們才能瞭解，是吧！？

　　指導教授的選任、論文題目的確定，甚至研究方法之取向及
最後的定稿，似乎不是研究生所能決定的。記得一九九二年參加
英國教育社會學年會時，Sara Delamont（1992a）以研究生與指導
教授的生徒／師傅的關係為題發表論文，她認為研究生從學生直
到成為「老師的同事」之職業社會化過程，係從二等公民
（second-class citizens）做起，我對她說：「以一個外籍研究生而
言是三等非法移民！」至少表面上這些師長們都能充分給予學生
自由發展的空間，多多少少也正視老師與學生權力不對等的事
實。我想也有很多老師也蠻在乎學生的感受，更願意與學生充分
的溝通。論文指導教授及研究生在研究的過程中都在相互學習，
有教戰手則可供參考（Delamont, Atkinson and Parry, 1997），本文
無意補此文獻上的闕漏，也不在鼓吹或鼓勵學位論文採行動研究
法，而是想藉著與從事行動研究的研究生之互動，忠實地反映研

究歷程，以便彼此或與同好者共同反省方法論的問題。

　　有關行動研究歷程反省之研究，在國內似乎並不普遍。通常研究者是透過寫作來作研究歷程的反省，由於個人記憶容量有限，所以寫作有助於思考，而且我也相信寫作本身對於實務工作者及學者都有專業成長的功能。James（1999）自我探討研究者的自傳對於研究歷程與結果的影響，並認為做研究就是不斷書寫、重寫自我與世界的實踐工作。這個看法與我心有戚戚焉，如果沒有書寫就欠缺反省；沒有不斷的寫作，就難以完成具有反省性的研究。Landgrebe 與 Winter（1994）從專業人員與服務對象之間的關係作反省，專業人員看起來像是在教導他們的服務對象，但是每一位他們所接觸的服務對象皆為專業人員的生活增添色彩。簡單來說就是教學相長，我是當老師之後才學習當老師的，任何的專業工作都應適用。另外，Bridges（1999）對自己寫學術論文進行反省，他主張寫作是專業與個人生活的一部分，從四方面來反省研究（寫作）歷程：作為個人的故事、作為社會的實踐、作為文學的活動，以及作為符合方法論的要求。研究與寫作密不可分，論文的寫作同時包括私人生活與專業生涯，是在層層疊疊的社會脈絡中進行，也是理性與感性兼具的藝文活動，但是更需符合做研究在方法論的規範。

　　近年由於教育改革的聲浪高漲，九年一貫課程的規劃與實施，使得教師以行動研究探討學校本位課程蔚為風氣（謝寶梅，民89），但是往往套用國外學者的模式，行動研究本土化仍有待努力。八十八學年度開始我趁指導學生之便，藉著與從事行動研究的研究生之互動，共同探討行動研究的歷程，忠實地反映研究經驗。就研究生而言，旨在透過行動研究，探討學校本位課程發展；對我而言，與研究生的互動是一種「行動」，進一步對此行動進行反省與探討則應是「研究」。故本文名之為行動研究的行動研

究（action research on action research），或稱為次級行動研究（second order action research）也行，即對研究（歷程）的反省研究。

有行動方案指南嗎？

答案很明確，沒有！正如每一個個體都是獨特的，行動研究通常也是踽踽獨行的，也很難抄襲或借用他人的模式來做。近年來有一些行動研究方法的書可供參考（夏林清等譯，民86；陳惠邦，民87；蔡清田，民89），但有志做研究的行動者，看了書恐怕也不一定能按圖索驥，依樣畫葫蘆來做研究，行動與知識應同時並進，行以求知，即知即行。故行動研究歷程的探討惟有參與研究，才能蒐集符合目的的資料。研究取向當然是參與觀察，文件分析及談話分析是蒐集資料的主要方法。

本研究主要是透過師生電子郵件的意見交流，以及對研究主題的相互討論，探討行動研究之歷程。我們可以用寫信的形式寫論文（成虹飛，民88），想必也能用寫信的方法來做研究。信件並非正統的資料來源，寫信不被認為是研究過程的一部分，而寫信的形式也很少在論文中呈現。寫信本身就是行動的一種形式，其目的要使他人有所回應，而希望產生某種改變。信件的形式可以分成兩大類：第一種是陳述事實的客觀正式公文書，其收信者不明；另一種則是寫給親朋好友的信，係非正式、私人的表情答意，收信者與發信者的關係相當親密。正式的書信在社會上比起非正式的信函較被重視，且取得較崇高的地位，因為非正式的信件只是陳述個人未經確認的意見，這樣的自我報告充其量只是草稿的形式，上不了檯面。通常在家庭當中，太太（女性）寫非正

式的信件，敬告諸親友；先生（男性）撰寫正式的報告或公文。
學者認為「女性」的信件寫作可作為研究方法　（Moi, 1985;
Harding, 1990），雖然對女性而言，寫信是源於情緒、情感的反
應，在私人的問題上期盼獲得一些意見，但信件可以克服正式研
究報告將思想抽象化而扭曲之缺失，將思想與情感在真實的情境
中忠實呈現。以我個人的經驗來說，我認為用信件的方式作學術
討論，信件的形式看起來好像是非正式的，但就其實質內容而言
則是正式的文件。

　　Lomax, Evans, Parker & Whitehead（1999）四位師資培育機
構的教授透過電子郵件作為溝通媒介，從事協同行動研究，交換
個人幫助教師做行動研究的心得。他們認為採用電子郵件來相互
討論，可使研究者與其自我保持一段距離，有助於大家對問題的
反省；同時也爭取了思考的時間，讓討論者三思而後回應，用字
遣詞可再三斟酌而後定稿。其他人的意見可以同時表達，而不像
在對話情境中，大家必須輪流說話，通常發言者只針對前面提出
的意見提出看法。故書面的「討論」不但可以通盤審慎表達其看
法，也使討論者有均等的發言權；惟其限制殆為缺乏面對面的溝
通，回應的速度較慢，未能及時澄清問題，互動不若會談頻繁。

　　另外一種補充信件形式的溝通方式肯定就是面對面的談話，
在文獻上可以得知，會談（conversation）係一種研究方法，無論
是訪談中的談話　（Seidman, 1998）或參與觀察中的談話
（Fetterman, 1989），都是蒐集與分析資料的方法。而且從女性主義
的觀點來說，談話是瞭解資料意義的一種方法（Belenkey, Clinchy,
Goldberger and Tarule, 1986; Josselson, Lieblich, Sharabany and
Wiseman, 1997）。最近甚至將談話作為協同行動研究的一種研究
形式　（Feldman, 1999），會談不僅是一種研究方法，同時更是一
種方法論，代表研究者瞭解與解釋物理或社會世界的立場，涉及

研究理論架構、意識型態、解釋模式或知識論的問題。談話可以使參與行動研究者，透過尋求意義的過程，共同分享知識、共同成長。

在與研究生採用電子郵件溝通及面對面會談討論的過程中，雖然沒有可供依循的規則，藉著嘗試錯誤或從做中學，一方面可以拓展更人性、對等或友善的討論空間，另一方面更是提供彼此分享知識及共同成長的契機。

行動研究的開始

早就想開始行動了，但是有太多現實的理由，使我未能有機會作有系統的反思。說真的，剛開始指導的幾篇論文，幾乎是在短時間內（通常是一學期多，少有超過一學年者）日夜趕工下完成，論文寫作過程中，師生討論與互動的質與量皆不足。八十八學年度上學期十月間，佳佳正在思索論文題目而請教我研究的方向，剛開始她只是想做與教學切身相關的行動研究，還未想到學校本位課程發展的研究。我認為實務工作者來做這樣的研究是很適當的，欣然同意其初步構想。我提示的入門方法是：「從現在開始要不停地寫，看到什麼、想到什麼，就寫什麼。」（88,11,03 meeting記錄）而對於研究方向，由於尚在摸索階段，我的建議是：「以你學校為主，做學校本位課程是如何發展，第一年怎樣、現在怎樣，到了第三年又是如何走下去？」（88,11,03佳佳反省日誌）我告訴佳佳，若有任何問題或想法，請直接傳遞到我電子郵件信箱，於是我們的互動方式除了面對面的討論，還加上書面上的資訊交流。當我每週收到佳佳的作業，我會仔細閱讀，而且幾乎每週都有一至兩小時的討論，如此充實的互動經驗是前所

未有的，令人回想起做博士論文時每週定時與指導老師會面的經驗，記得每次會見老師前夕幾乎是徹夜未眠，如今自己當老師後，也會感受到一些壓力。但是當我排除一切雜務，將學生的作業列為第一優先，慢慢地也能樂在其中，也感覺精神上的充實；即使有時不免感受到工作的壓力，至少也能苦中作樂。有學生看到前幾段話認為有點矯情與虛偽，但我仍覺得是真心的，所以沒作修改。

　　基於研究倫理的考量以及對佳佳認真態度的回饋，我必須要把我的想法說清楚，於是我發一封信，說明我想將研究歷程作為研究的主題。

　　佳佳：
　　您的札記是一個好的開始，紀錄內容翔實，與服務的學校維持良好的關係非常重要，至於札記的寫法可慢慢揣摩，例如，儘量用當事人所說的話呈現，可用引號採直接引述的方式較有說服力，且栩栩如生。然後您自己的判斷與看法應與所見所聞的客觀敘述分開…
　　另外，我希望為自己及未來的研究生寫有關質性研究的參考書，我想從行動研究開始。如果得便，可否請您協助，也就是撰寫研究歷程。因為您剛剛開始確定主題，寫下您如何尋找問題，如何去詢問學長姐，如何找老師，就像上星期三下午與老師討論的內容及您作了什麼決定，如果可以鉅細靡遺的描述那就更好了。通常質性研究或行動研究都必須詳盡地描述研究歷程，所以這項工作也是必要的。如果您是碩二學生，恐怕在研究時程上較有壓力，現在就積極去做就是很好的開始，題目確定就完成一半了！

　　方老師 1999.11.08. 09:10

寫書的計畫還沒實現，本文或許是好的開始。給學生正面的鼓勵與回饋是最佳的策略，我也很高興馬上就獲得相對正面的回應，似乎已在佳佳的行動研究歷程中，找到研究法書中未曾記載的實務原則，行動已經與研究同步展開。

方老師：

第一次收到老師的e-mail覺得好有趣。

關於札記的寫法，我的確是一無所知，還需要老師多加指導，所以星期三下午我上完第二節的課之後會到老師的研究室跟老師請教。至於老師所說的撰寫研究歷程，感覺上好像是個很有意義的工作，我非常樂意參與，其詳細的細節部分，還請老師於星期三時再加以說明，這樣我才知道應該如何著手進行。

非常謝謝老師的鼓勵與指導，我會繼續努力的。

學生 江佳佳 敬上 11，8

我非常清楚知道老師與學生間權力的不對等關係，從佳佳回信的行文可知她的困惑，希望獲得明確的「指導」。而我卻儘量採取支持性的策略，並未提出具體或制式的指示，希望漸漸化解師生間強的「分類」及「框架」。唯有彼此地位對等才會有發展性及建設性的對話，我想這也是進行協同式行動研究（collaborative action research）的一種。兩者既是研究者，也是被研究者；是參與者，也是觀察者。坦白說，當時我不知道能持續多久，因為佳佳可能因為要與我討論其論文，而勉強答應配合我的構想，但是現在我可以確定行動持續進行，而研究則是穩定發展。

田野札記如何寫？

　　上述的內容中也透露了田野札記的寫法，是隨個人的風格慢慢成形的，我無意提供格式，然後依樣畫葫蘆。初學者必定是茫然不知，只有建議多採直接引述並詳細紀錄，將自己的想法與所觀察的內容作區隔等原則性的說明。在這個階段，唯有不斷給予支持與鼓勵，研究者心理會較踏實些。

　　方老師：
　　煩請您看一下這次我寫的記錄是否還有其他需要改進的地方，或許可以再給我一些建議．近日我已開始著手進行家長的電話訪問⋯我想跟老師討論一下裡面的內容，還有去年全校所做的三份問卷（家長，學生，老師三部分）。

　　學生　佳佳　11，12

　　初次作觀察或訪談紀錄者亟欲瞭解記錄的方式是否正確，我認為只要把握基本要領，怎麼記涉及個人寫作風格，儘量不要因為要符合某種規式而自我設限。雖然佳佳還是請求給予一些建議，但是我已注意到文末「××敬上」自此免禮，老師的角色似乎有點淡化了。

　　佳佳：
　　The fieldnote you have written is well done. 焦點擺在學生常規是一種方式，也注意到所謂開放教育所面臨的兩難問題。紀錄方式多採直接引述是很好的。其中有一段學生失序的描述，可再補上⋯

Have a nice weekend!

方老師　1999.11.11. 21:00

　　直接引述可能是我個人認為田野札記紀錄的首要原則，另外就是要詳細描述，如果第三者來看紀錄有所疑惑，就有必要再作澄清與細膩的描述 （thick description）。為了進一步拉近師生的心理距離，我也將一篇即將在研討會發表的文章，事先讓佳佳過目，希望她給予建議與評論。

　　方老師：
　　您的文章我在星期一早上會將它放到信箱裡面，我看了很久，想了很多，也從中獲得了一些想法。
　　隨信附上這星期的日誌，請老師看一下，我想從下次開始把作業重點轉往過去一整年實施統整課程的反思，不過大概要花好幾個禮拜的時間才有辦法寫完。

　　學生　佳佳　11，21

　　當然佳佳並未對我的文章草稿作建議與評論，倒是幫我改了一些錯字，或許文章只是評介有關統整課程的概念，然後結論未寫完，也教人不知如何回應。如果有促進思考的作用，雖沒有實質的評論，也算有點效果。不過共同分享文章，也有助於彼此溝通的質與量。

　　佳佳：
　　有關改革的步伐繫於教師的信心與外在的壓力，家長的因素似乎不容忽視，到底校內或校外的壓力是影響教師信心最大的因素？很多方面可進一步探討。

另外，我喜歡像是東方元年的敘述，因為民國紀元的意義不
及本土的經驗。…

方老師, 1999.11.22. 08:30

　　田野札記的寫法沒有一定的章法與格式，用讚許的口氣也透
露出我對於如何作紀錄的看法。東方國小（假名）創校第一年開
校元勳慘澹經營，艱苦奮鬥，朝氣蓬勃，猶如日出東方，充滿希
望與遠景，這是田野工作者命名的巧思，東方元年一詞所富的涵
意唯有圈內人（insiders）才能深切體會，本土的用詞也是掌握情
境脈絡的重要線索，行動研究者本身就是圈內人，也有助於情境
事件的正確判斷。

訪談如何進行？

　　剛開始的觀察與隨機式的訪談，並未借助錄影或錄音器材協
助紀錄。原本探討家長對學校課程的影響，現在則重視校內因
素，這也是我前述之建議。於是，佳佳擬先從東方元年實施統整
課程的歷史回顧著手，試著描述課程發展的軌跡。

方老師：
我回學校時和之前同學年的三位老師開了一個簡短的會議
（感覺又像回到了從前），溝通我想將我們上個學年度整個統
整課程及協同教學的實施過程拿來做成行動研究的想法，他
們都非常贊同，也很願意一起合作，我們預定在每個非週休
的星期六下午聚會，把從前的檔案及會議記錄拿出來，四個
人一起對每一個過程做完整的回顧並提出自己的看法，每次

的談話內容都用錄音機記錄下來，以上是我們大致建立的共識。

過去我們二年級教學群一直是行政人員眼中的優秀團隊，我們的感情很好，幾乎每天都有教學上的互動交流，而且在教學活動上亦不斷地嘗試與創新，在這一年當中，我們一起做了相當相當多的事，每個人的教學檔案都是厚厚的幾大本，也歷經了許多成長，所以我覺得光從這個點出發，就可以發現很多值得探討的東西。

至於後續的動作應該如何進行，要注意些什麼事項，我還是想多聽聽老師的意見，不知老師星期三下午是否有空，後面附上這個星期的日誌，只有對話，還不知道該作何感想。

佳佳　11，28

佳佳這樣的安排確實可以較有系統的蒐集資料，這時我心裡想的是欲趁此機會，要求參與週六下午的研討，後來作罷。我事後的想法是怕引起老師們的疑慮，我的角色是什麼，參與做什麼，還有則是可能損及佳佳與同事新建立的信任關係。另外，我發現佳佳在信末原有自稱「學生」的字眼從此也較少出現，似乎又朝著合作式的伙伴研究關係更向前邁進。

佳佳：

作業已收到，電話訪談也是很好的溝通方式，主要是關係早已建立，也不必擔心被監聽。其實學校辦公室就是行政監控的勢力範圍，如果遠離上班時空那就很理想了。

三五好友周末下午的聚會居然不是風花雪月，而是專業成長，學校作為學習型組織當如是。祝賀您有如此好的同事，我暫時不給太多意見。總之方法保持法彈性（flexible），用

非正式的（informal）方式獲得有效的 （valid） 資料，看日後的發展如何再說。

方老師 1999.11.29. 09:20

「風花雪月」一詞用得欠考慮，但決無任何貶抑之意，只是同理心地在修辭對照上反映東方老師的積極進取、刻苦耐勞、犧牲奉獻、追求卓越。如果實施週休二日，老師仍然每週上班七天，基於教育是百年樹人的工作，教師也要踏著穩健的步伐邁進，而不是以衝百米的速度前進，導致長久的倦怠與疲乏。佳佳提供午餐，與同事們進行週末下午的心靈饗宴，這樣的教師文化與傳統的文獻及吾人的常識之見有很大的差異。Hargreaves（1972）認為班級自主與平凡的規範；Lortie（1975）所謂的保守主義、個人主義與及時主義等教師文化的特質；（Pollard, 1985）認為教師間並無積極的專業互動等發現，在東方幾乎是不存在的，我們看到的是具有專業反省能力且追求卓越的團隊，有回顧與前瞻的歷史觀，教師是教學者，也是學習者。

研究焦點轉向實際設計課程的教師應是明智的抉擇，而四人小組的聚會，共同討論有助於資料蒐集與檢核。後續該怎麼作，應該是不斷審視資料，試著作資料的初步分析。我認為基本的方向正確，而且尚未瞭解資料的內容，所以就未便給予明確指示及建議。

方老師：
星期六的會議已進行過一次，我將內容完整地用錄音機錄下來，並且儘量逐字記錄，下面的檔案是大概完成了四分之一的談話內容紀錄，麻煩請老師看一下，我是想先把逐字稿完成，再將它們分類、編碼，然後某些地方加上理論部分的註

記，希望在兩個禮拜後的第二次會議之前能將這些部分完成，老師如果有想到可以怎麼做比較好的話，也請再給我一些意見。

會議中大家會對錄音機的存在感到不自在，在剛開始以及一個話題結束之後，我會試著用問題導引出一個方向，不知道這樣的做法到底好不好？在打出逐字稿的同時，我覺得將來資料的份量逐漸加多時，如何有效地彙整是一個大問題，有了第一次的經驗之後，已漸漸可以體會得出做這種研究的辛苦，尤其是資料的整理工作，但願以後能慢慢地進入狀況。

學生　佳佳　12，5　pm11:00

從錄音帶中轉譯，作逐字稿的工作是耗時費事的浩大工程，如果鉅細靡遺的謄錄，一小時的錄音帶轉換成逐字稿，可能耗費15-20小時（Edwards and Westgate, 1987），可說是勞力密集的工作。佳佳請一位工讀生幫忙整理逐字稿，最後自己仍然要作檢視與修改，八十八學年度下學期由於找不到合適的工讀生，只好一切獨力完成，現在已是非常有效率的研究者兼打字員。這讓我想到俗民方法學的學者Gail Jefferson由於多年來處理繁瑣龐雜的文字轉譯工作，發明了一套精確繁瑣的逐字稿註記符號，稱為standard Jefferson Conventions，也可以青出於藍躋身於男性為主導的學術之林，顛覆了傳統老板（男性）／秘書（女性），以及研究者（男性）／研究助理（女性）的性別分工。

非週休星期六下午四人小組的聚會持續三次，由於接近期末，當時有一位成員懷有四、五個月的身孕，因教學工作已很繁忙，星期六下午還要將懷有身孕的人留下來，實在有些於心不忍，佳佳幾度考慮下，決心忍痛結束會議的進行，改用其他方法

蒐集資料。所以研究者在真實的研究情境中，很難控制一些不可測的因素，以及可能遭遇非預期或突發的事件，例如，研究對象的流失而必須要面臨兩難的痛苦抉擇。

於是週六教師同仁的聚會暫告一段落，而下學期開始，資料蒐集的方向轉向其他老師及學校行政人員。

江：你覺得教師之間的聊天需要用錄音帶嗎？不用錄音帶事後補記會不齊全，可是用了錄音帶我自己又會覺得很奇怪。

方：不用錄音帶也沒有關係，事後的記錄之後，再請同事幫忙檢證一下所記是否正確。

江：我在想學校目前所面臨的一些問題，是不是可以針對這個問題對老師加以訪談，以深入瞭解他們的想法。

方：平常的聊天就是訪談了！

江：可是會在一起聊天的就只有那些人。

方：可以，訪談可以從現在就開始做。

（會談89.03.14.）

錄音帶是可以輔助作訪談紀錄，如果未告知當事人而使用，則有違研究倫理；即使正式地告訴對方要錄音，訪談者或許不能暢所欲言，訪談關係反而不自然，甚至充滿緊張氣氛。採取最自然的方式，從聊天中所獲得的資料應較豐富可信。對於不願意透露自己想法的受訪者，以及不會與訪談者聊天的人，恐怕也問不出任何內容，先從願意接受訪談者下手，然後再慢慢擴大範圍。訪談的對象（抽樣）要以能夠提供充分的資料為判斷準則，學校行政人員比起教師，因其職位以及教師與行政的對立關係，故難度較高。

江：老師覺得我如果對於學校行政的措施上有什麼意見，應該要找他們談一談，提出疑問嗎？

方：可以啊！不然【妳當】我是校長，妳問我，…

江：可是如果我有太多問題，人家會不會認為為什麼我的意見這麼多？

方：原來妳是考慮這樣，視情況而定，【對方】心情好的時候就多說一點，心情不好的時候就少說一點，就這樣啊！可以的啦！

（會談89.03.07.）

　　做訪談要有推銷員鍥而不捨的耐心，以及私家偵探追根究底的膽識，要能察言觀色，伺機而動，隨機而問。有時如果用正式的訪問，反而一無所獲。尤其當受訪者地位高於訪談者時，更應審慎行事。

江：下學期有些主任會走，是不是要開始進行行政人員的訪談？像教務明年就不當教務了。

方：可以啊！妳去訪問她，她一定會很高興。

江：因為下學期很多老師要調走，樣本會有流失的情形，那應該怎麼辦？

方：做質的研究本來就要有這種準備，反正也沒關係啊！妳也可以探討新老師進來之後又有什麼樣的轉變。

江：再探討下去論文就做不完了！

方：這個又無所謂！妳什麼時候要做完都可以的，這學期要做完也可以！

江：我是想說做到上學期，資料就一邊做一邊慢慢的整理。一年半的時間應該就夠了吧！

方：很夠了！

（會談89.04.11.）

即將離職的成員是很好的訪談對象，受機構的影響較小，反正要走了，其言也眞。另外關於訪談樣本流失的情況，就如同上述訪談抽樣的問題一樣，不可能隨機抽樣，因爲行動研究通常不是在實驗控制的情境中進行。如何根據研究目的與問題，蒐集到所要的資料才是重點。資料蒐集很難定出時間表，而是經過一斷頗長的時間後（通常是一年），如果未能再發掘新的資料，達到資料的飽和（saturation of data），則訪談可終止。

何時開始分析資料？

除了謄寫逐字稿外，資料校正及分類編碼（coding）的工作隨即進行，論文連個架構也未成形，辛苦是可預期的，也難怪像Delamont（1992b）認爲碩士論文不宜採田野調查法，做質性研究必須要有奉獻的職志，否則難竟其功。我的角色與功能則是詳盡地瞭解得來不易的資料，不斷給予支持。

佳佳：

　　四分之一的會議紀錄已收到，資料內容算是充實。最重要的是您的角色及引導問題的方式，提示是必要的，但參與太多，說太多話與保持客觀很難作平衡。我初步的看法認為您說的話有點多，不過這是開始，尤其是大伙還在面對被錄音監聽的潛在莫名心理威脅下，這樣作無可厚非，當伙伴們可以漸漸適應，侃侃而談時，就可以學心理諮商員非指導的引導方式，那樣所得的資料更為豐富可信。

　　「甲乙丙丁」太沒人味，您身為研究者有命名權，給她們巧妙具親和力的藝名，像方教授，江佳佳等真名，無論在

記錄與寫論文階段都要予以安全的遮掩。研究者對倫理的問題要有敏銳的意識。

　　同仁們對於統整課程的看法相當有趣，這部分我認為相當重要。如果有不同看法則可作初步的資料校正資料（triangulation），累積愈多，分析則愈困難。現在只有儘量蒐集資料，要達飽和（saturation）是不容易的，先有初步的歸類是重要的，俟此次書面資料整理完後再作研討。

方老師 1999.12.06. 09:30

　　上述的建議，佳佳認為自己作為談話的引導者，講太多話的原因是因為與同事太熟悉了，有些話不吐不快。我的想法則是儘量讓老師們多抒己見，會議主席則營造對談的氣氛，不過這點我並未堅持，宜由當事人依當時會談情境作判斷，可見親身參與的重要。往後的紀錄中的人名則從善如流，由甲乙丙丁的代號，轉換為假名或綽號。資料檢核方面，目前可作的是資料的校正與人員的校正，方法與理論的校正則有待努力。資料逐漸累積，進一步反省資料，研究者與行動者、局外人與圈內人、報導人與同事、參與者與觀察者、客觀與主觀、理性與感性、事件與脈絡、事實與判斷、訪談與聊天等兩難糾結的困惑隨即浮現。

Dear老師：

　　以下所附的兩個檔案，第一個為第二次會議的內容，這部分上次我已將逐字稿mail給老師，這次給您的是又再次整理過的，在整理完之後當我對照老師在逐字稿中所見的觀點時，發覺有許多部分兩者之間是雷同的，不知這是否亦可做是「信度」；第二個檔案是第三次會議的內容…。當我自己在整理第三次的逐字稿時，我深切的感受到一個大問題，

這個問題之前老師亦提出來討論過，只是這次是我本身的自覺，當我與同學年的老師在協同行動研究的會議中時，我的角色是一位與他們一起感同身受、一起哭、一起笑的「圈內人」，但當我回到家裡的電腦中，看到逐字稿中自己的談話內容時，又反省到身為一位研究者不應該那麼不客觀、介入那麼多，在整個做研究的過程中，我的感覺是我的角色時常如此地游移不定，可能下學年回去復職時情況會更嚴重，所以我想請教老師的是，我是否須一直提醒自己堅守一位研究者的客觀立場，抑或是直接接受這樣的事實，另行動研究者角色的不客觀性是否能不被質疑？

　　我之所以會有上述的疑問其實是因某些事件的發生而產生的疑惑（我本身的親身經歷以及同事所述最近發生在她們身上的一些事件，這些亦是我們當天的談話內容，但並未錄音），我很怕自己會像許多老師一樣，陷入一種反行政人員的情緒之中，這對一位研究者來說自然是很不應該的事。
…

　　其次是關於我的論文中的文獻探討的問題，我不知應包含哪些面向以及寫到什麼程度？…

佳佳　1／30

　　這樣深刻的自我反省是必要的，尤其研究者自己在行動研究中，本身就是研究工具，能從多方角度去思考研究角色的問題，磨練自己成為具有銳利鋒芒的分析者。佳佳的游移不定、不安與疑惑反映了實務工作者從事行動研究的困境與挑戰。這也涉及研究倫理的問題，容後詳述。
　　即使在蒐集資料階段，初步的分析應已展開，除了紀錄之外，資料的檢核與校正則是基礎的工作。另外，在研究的過程

中，研究者敏銳地感受到角色的轉換是正常的，在教學現場是完全參與者，在辦公室可能是參與者即觀察者，傾聽同事的心聲是觀察者即參與者，回到自己住處則又變成完全觀察者。其實，即便在研究現場，這些角色的轉變也是可能的。比起一般「外來」的研究者，或許教師／行動研究者很難在地理及心理上脫離其朝於斯、夕於斯的學校情境，主客易位的衝擊相較之下更強烈。佳佳尚未復職就有此顧慮，這也反映教師作為行動研究者的困境。不過，我認為作為一個行動研究者要勇於挑戰，想辦法克服種種壓力與兩難情境，投入或涉入是必要的，所謂不入虎穴，焉得虎子也。

此時我認為我與佳佳的溝通方式，漸漸從學生請教老師的形式，轉變為相互討論的對話型態。雖說如此，我也給了一些個人的看法。

> 佳佳：
>
> 資料檢核方面，所謂triangulation可以指不同研究者對同一事件的歸類看法及分析有一致性，稱之為信度也無妨，重要的就像是妳現在的自我反省，加上同事的觀點，錄音資料的再檢視，將問題提出來討論，我想這即是重要的研究歷程。至於行動研究不能避免主觀的問題，因為妳也是研究對象及場所的成員，經常在現場的震撼與離開現場的冷靜分析之間來回擺盪，研究者角色的定位著實不易。這樣說好了，妳在學校是學生的老師，到師大進修又要以學生的身份面對老師的老師，而每一個人又有其家庭的角色，有主客觀衝突的感覺是正常的，這樣的反省性 （reflexivity） 正是詮釋性研究的特色。

> 方老師, 2000.01.30. 11:27

蒐集資料與分析資料應是同時進行的，初步的資料編碼及目前對資料的理解與看法，都要呈現在田野札記上。資料編碼及命名是相當個別化的工作，研究者應自己發展其獨特的分類系統，我提出個人的看法。

江：資料要不要開始編碼了？

方：本來就要一邊做一邊編碼了，像妳旁邊格子裡的陳述就是在編碼，一般來說，以時間序列來編是最起碼的，之後再按照類目來編，比如寫上民國幾年幾月幾日後面再加上類目。

江：是不是心裡面先要有一個大致的架構，再根據它去編碼會比較好。

方：可以這樣說。

江：可是現在的資料還很雜，到時不知怎麼用一個主軸將它連貫。

方：先把時間抓出來，然後把格子裡的分類一個一個拉出來當摘要，到時候再看有什麼樣的內容，就知道要怎麼寫了。

江：編的時候可能會有一個問題，就是這個內容好像編到這裡也可以，編到那裡也可以，那應該怎麼辦？

方：同一個內容可以同時編兩個碼，這個沒有問題。只是到時候論文呈現出來，不要同一句話前面也有、後面也有就好了。不過現在我看資料還不夠多，慢慢再蒐集好了！

（會談89.04.11.）

　　資料編碼應是由下而上，也就是先蒐集原始資料，加以過濾，然後察覺到有意義的字句、段落或情節時，再以某一類目整

合，慢慢形成分類系統。好像是先從龐雜紛亂的資料棉紗中，抽絲剝繭找到經緯線，然後拼湊成完整的織物。如果是由上而下，先有分類架構，然後將資料嵌入，則資料蒐集則會受限；但是如果腦袋一片空白，毫無章法地進行資料分析，則失去研究的焦點。資料與分類架構 （理論） 是互動的，理論指引我們蒐集資料的方向，而資料的累積、編碼與分析，則有助於修正理論或建立理論。

> 江：我的紀錄資料現在已經一堆了，將來應該怎麼去整理也
> 　　是一個大問題。
> 方：妳要有心理準備，雖然資料很多，但是可以用的可能很
> 　　少，就好像要從一堆沙子中提煉出黃金一樣。
> （會談89.03.14.）

　　一公噸的礦石恐怕只得到數公克的黃金，掌握仙女棒的研究者必能在龐雜的原始資料中去蕪存菁、點石成金。

研究倫理

　　在進行質性研究或行動研究時，由於研究者與被研究者面對面的互動頻繁，研究倫理的問題必須在整個研究歷程中時時反省與討論。從事行動研究者的研究角色需時常轉換，研究與實務兼顧著實不易，衝突矛盾在所難免。我在決定將研究歷程作為研究主題後，我徵得佳佳同意，共同反省研究歷程。我也必須從調整指導老師的角色，轉變成協同研究者的角色；一方面要正式地協助學生完成論文，另一方面我也想在此過程中做我的研究。我的

原則就是盡量維持「亦師亦友」的關係，隨著研究的進行，適時調整自己的角色。行動研究者的困擾是既要行動，也要研究，對佳佳而言，研究角色的調適更為不易。

江：我覺得我會比較偏教師那一邊，行政的想法我會跟老師說，可是老師的想法我未必會跟行政人員說，這樣會不會不夠中立？

方：沒關係啊！這樣那就這樣啊！像今天妳的角色跟回去之後的角色又不一樣了。

江：對啊！等我回去之後可能會帶有很多情緒的成分。

方：情緒就情緒嘛！沒有情緒人會瘋掉。

（會談89.03.07.）

事後回想，這麼情緒化的回答似乎有點不妥，不過我的想法是認為佳佳的自我知覺與反省相當敏銳，資料的分析應小心翼翼地處理，應給予鼓勵並提供更廣闊的思考空間。

從基層教師的觀點，理應站在教師這一邊，情感上也是如此。若向行政人員「輸誠」，會失去真正的友伴。教師對行政人員語多保留，在一般情境中也是常態。以研究的立場而言，教師對行政人員可以被動回應、保守回答與提供訊息。最後我的回應似乎太快、太直接了，不過我不打算收回，如果經過事後檢視，就像我咀嚼上述的對話，將喜怒哀懼愛惡欲七情皆備之情緒帶入研究歷程也是可以接受的，即使在論文寫作上反映自己的情緒，只要將前因後果與情境詳加描述則可矣。

使用匿名或假名保護被研究對象是最起碼的研究倫理原則，但行動研究很容易暴露研究者與被研究者的身份，故使用假名好像也沒啥作用。

方：我是想說妳的東西到最後可以找出一個學校來代換，讓其他人讀的時候比較看不出來，不過這也會有問題，這樣的描寫可能比較客觀，但是會失真，但是如果寫得太真實，又可能會讓人家覺得不客觀，這個問題到時候再說好了！

江：老師你剛剛說描述，可是到最後我一定會有所批判，可能是批判學校裡的某些人，那應該怎麼辦？

方：【思考了一下】對，可能會有這樣的問題，那到時候再看怎麼辦好了！

（會談89.03.07.）

研究倫理的問題或兩難困境本應提出討論，權衡之後作任何決定必須要敘明理由。我之所以迴避這個問題，主要是整篇論文未成形，實在難以決定如何是好，只好暫時擱置，或由佳佳自行決定。但這個問題仍然存在，揮之不去，有朝一日總要面對。

江：在我的研究報告中要不要清楚說明和學校的關係？

方：對啊！有些的確是很麻煩，又不能寫得太清楚，怕人家會知道妳在寫什麼地方。

江：可是我的人家很容易看得出來，因為那就是我服務的學校。學校可能有些事情不想公開給人家知道。

方：寫就寫啊！如果人家要去查就讓他去查好了，通常論文人家是看不到的。我一直贊成在論文裡面單獨一章寫研究倫理，寫妳怎麼獲得資料，為什麼第二年又選擇要進去，妳在研究倫理方面的疑惑，還有妳最後的選擇，都把它寫上去。

（會談89.04.11.）

我的解決方案並不高明，既然匿名假名都沒用，只好坦然以對。盡量使用假名，如果要用真名必須徵得當事人同意。如果是學位論文，只要不大肆招搖，通常是靜靜地沉睡在浩瀚的圖書館館藏書海中，大概只有研究生及其他研究者才會認真尋幽探訪。也有學生讀到前面兩句話覺得「好殘忍」，但事實如此，我也感到很無奈。在正式的論文中交待如何面對及處理研究倫理的問題，不僅可增添文章的意義脈絡，使讀者更瞭解其主旨，而且還可加強論文的可信度與價值。

田野資料及紀錄的保存須妥慎處理，最好由研究者本人負責紀錄及收藏，但是也會有例外。

> 江：逐字稿請人打字或是給老師看會不會有倫理上的問題？
> 方：應該是不會，幫妳打字的人應該不會去關心裡面的內容是什麼？妳也知道該怎樣去處理這種事情，逐字稿的倫理問題不大，倒是寫出來的論文會比較有問題，要考慮當事人的行為如何描寫？當事人看了會有什麼感受？你所設定的觀眾 （讀者） 群愈大，牽涉的倫理問題也愈大。
>
> （會談89.05.16.）

打逐字稿的工讀生只協助一陣子，後來皆獨力完成。原始資料給其他同事看或許有些顧慮，除了給當事人校正其觀察或訪談紀錄外，不宜將某甲的資料透露給某乙。論文的呈現能寫實而不失客觀，時時想到對當事人可能的反應。如果論文能讓當事人審閱修正後再發表，那就更周到了。

未來研究者角色衝突與倫理的問題可能更凸顯，亦應事先有心理準備。

方：等你八月回學校之後，你的角色從旁觀者變成參與者，
　　可能會需要一段時間去調適。
江：我的角色轉換歷程和當中的心態應該要好好反省一下，
　　在論文裡面交待清楚。
（會談89.05.16.）

　　好景不常，我（們）擔心的事件終於發生了。東方的掌門人（gate keepers）對於佳佳所寫的一篇論文發表會文章及數份會議田野紀錄頗有微詞，認為內容散播對學校不利的言論，並未站在學校行政及校務整體的立場發言，如此言論對學校是很大的傷害，而且質疑這樣的研究有沒有必要繼續下去。

「你雖然只寫幾個人，但是人家會認為全部的東方老師都這樣認為，這對學校來講是一種很大的傷害。」（佳佳札記89.09.05.）

　　這樣似乎將和諧的研究夥伴關係給弄僵了，佳佳憂心忡忡，不知如何是好，所幸獲得多位同事的鼓勵，我也表達全力支持，研究應該會繼續勇往直前，不過由於互信基礎脆弱，學校行政方面資料的蒐集可能會更困難。佳佳將研究歷程反省的初稿，請兩位同事提供意見，但是卻提出不一致的建議。

就論文研究對於這段文字是否要提出來請多斟酌，考量的是這是否會影響到閱讀論文的人對文中之人個人評價而淹沒了全文的價值及用意。此外我要提出一個想法，研究論文是對特定的議題及對象進行本質的討論應屬中性立場，這篇論文老師角色在論文中可以保護得很好是隱性的，但校長及教務可能是顯性即使用代稱也是沒有用的…（曉園老師評佳佳研

究歷程90.02.14.）

我個人從妳的研究歷程中發現，當妳自認為很「黑」後，不僅妳認為行政人員對妳已「另眼相待」，事實上妳對行政人員的觀點與態度不也改變了嗎？而這樣的改變卻很可能造成妳資料蒐集的遺憾。（老馬老師評佳佳研究歷程90.02.14.）

　　曉園老師並不贊成將行政人員與教師衝突的情節寫在論文中，深怕個人的主觀評價而掩蓋了完整的研究與主旨，也考慮到即使匿名也難以保護當事人的隱私。而老馬老師則認為上述情節可有條件地納入論文中，也就是要充分反映行政人員的觀點。由於兩位老師要求我表示意見，我也適時回應：

曉園與老馬：

　　謝謝您們認真又深刻地檢視佳佳的研究歷程，有了三位圈內人相互校正，研究的信、效度必然提昇不少。坦白說，我以一個圈外人的立場，站在外面往裏頭看，必須透過文本的這道濾網，其視野及所見到的事物是有限度的。我只能假定我所獲得的訊息是暫時性的，必須隨著研究情境的改變，去瞭解其中的關聯與詮釋其意義。…其實我最關注的是研究倫理問題，不只是誠信而已，而且是對做研究程序性原則的執著。校長對於佳佳研究之異見是可以理解的，我的角色也很為難，只有先支持佳佳持續下去，然後靜觀其變。…我或許還能夠在論文寫作的過程中更加審慎琢磨與討論，甚至該刪的也要考慮忍痛割捨（包括與校長及教務之間所發生的事件）…（回應曉園與老馬老師對佳佳研究歷程的評論90.02.15.）

針對這個事件，有必要說清楚。首先，研究者在研究歷程中的關懷與用心及自我反省，足以證明對研究倫理的信守。例如，佳佳體諒同事有孕在身，忍痛結束收穫豐碩的同仁星期六下午聚會；以及反省自己的研究角色，佳佳怕自己站在老師的立場，恐陷入反行政人員的情緒之中，而缺乏研究的客觀性。第二，佳佳發表的論文或偏向教師的觀點，因為其主旨是敘述教師群對學校本位發展統整課程的歷史回顧，但並未有不利於學校之言論，以旁觀者而言，東方是相當有效率的學校。第三，會議田野紀錄有教師反行政之敘述，要怪佳佳涉世未深，將記錄與個人的觀點毫無掩飾地裸裎相見，但是如果隱藏教師的想法，是否也是不忠？當然，也要看忠於誰？第四，會議田野紀錄或有瑕疵，誰也無權要求作紀錄者違背所見的事實而篡改，可以請更多的當事人提出不同觀點作平衡報導。第五，正式研究報告尚未動筆，上述資料仍未決定是否納入文中，如真有不妥或有其他合理的顧慮，可棄而不用，仍有補救機會。第六，如果有一方未能以開放的心胸坦誠溝通，則雙方漸行漸遠，只有同受其害，或許也沒那麼嚴重；研究關係的緊張與衝突對行動研究者是一項挫折，而斷然拒絕不美的真言對學校何嘗不是損失呢？最後，讀者可以批判上述的看法究竟是否有理？

　　我的基本理念認為一個研究如果未信守研究倫理，即使研究做得再好，也不具有學術價值，因為研究倫理是程序性的真理，罔顧研究倫理就如同在法庭上以非法取得的證據指控被告，由於缺乏程序正義，不能作為有效的呈堂證供。田野工作者決不是刺探隱私，揭發黑幕的道消小人，而是根據研究目的，正大光明實事求是從事蒐集資料之謙謙君子。我真的希望眾關係人能看到這篇研究歷程的文章，我們已盡可能考慮到研究倫理的問題，如果仍有不夠周到之處，尚請見諒！也願意聆聽不同的意見而力求改

進。

　研究倫理是行動研究者必須面對的問題（Zeni, 1998），本篇文章也讓佳佳及她所信賴的數名同學審閱，且與佳佳共同討論後才定稿，惟文責在作者。

結語

　行動研究的歷程或許是漫長而艱辛，但其收穫卻是充實而豐碩。透過電子郵件與面對面的討論，正可以彌補這兩種方法的限制，反省仍然持續進行…

佳佳：

　　我覺得每次討論的紀錄再看一遍，總會有不同的想法。【面對面討論】通常說了就算，而且記憶保留是不可靠的。我有時認為自己很明智，有時又有點不知所云或未有定見。說的與寫的總有些差距，說話要及時反應，而寫作較能深思熟慮，可仔細推敲而後定稿。再次對談話的記錄作修正也無不可，或許這樣才是說話者的原意。我會試著作再詮釋，我個人相信這樣的校正。不過，這樣的對話真的值得好好反省，也是共同學習成長的良機。雖然如此瑣碎的雜務有些惱人，但能將它視為有意義的工作，應該會漸漸樂在其中矣。

方老師, 2000.05.17.

　研究者通常不太願意公開其私人生活與工作，研究歷程也付之闕如或語焉不詳，使後學者經歷嘗試錯誤的代價令人怯步，本文則開始這樣的嘗試，期盼獲得同道的共鳴。研究歷程的透明化

與進一步的討論有助於兼顧圈內人與局外人的觀點、提高資料的信效度、嚴謹地分析與解釋，甚至適切地撰寫論文。

本文對於行動研究歷程的探討著重在行動者／研究者／被研究者間的關係，並敘述行動研究者角色的轉變過程，並對研究倫理作實際案例的討論。如果本文對於行動研究歷程的反省有些啓示，則行動研究者與被研究者都能保有其不被宰制與剝奪的主體性，兩者有對等的充分溝通，那麼教師才可能成爲眞正的行動研究者，而被研究者才會在研究的過程與結果中受惠。

誌謝：我要謝謝佳佳及曾經對本文初稿表示意見的其他同道，也要感謝論文審查委員的鼓勵與建議，期盼本文能引起進一步的討論與獲得更多的指教。

參考書目

中文部分

成虹飛（民88），報告書寫的困境與可能性寫給愛好質化研究的朋友，《新竹師院學報》，12，27-42。

夏林清等譯（民86），《行動研究方法導論—教師動手做研究》。台北：遠流。

陳惠邦（民87），《教育行動研究》。台北：師大書苑。

蔡清田（民89），《教育行動研究》。台北：五南。

謝寶梅（民89），運用行動研究於課程與教學革新。89.06.03.發表於中華民國課程與教學學會主辦「第一屆課程與教學論壇」。

英文部分

Altrichter, H., Posch, P. and Somekh, B. (1993). *Teachers investigate their work.* London: Routledge.

Atkinson, S. (1994). Rethinking the principles and practice of action research: The tensions for the teacher-researcher. *Educational Action Research*, 2 (3), 383-401.

Atweh, B., Kemmis, S. and Weeks, P. (1998) (eds). *Action research in practice: Partnerships for social justice in Education.* London: Routledge.

Belenkey, M., Clinchy, B., Goldberger, N., and Tarule, J. (1986). *Women's ways of knowing: The development of self, voice and mind.* New York: Basic Books.

Bridges, D. (1999). Writing a research paper: Reflections on a reflective log. *Educational Action Research*, 7 (2), 221-234.

Day, C. (1998). Working with the different selves of teachers: Beyond comfortable collaboration. *Educational Action Research*, 6 (2), 255-273.

Delamont, S. (1992a). *Second class citizens ? PhD students, their supervisors and the scholarly community.* Paper presented at the International Sociology of Education Conference, 4th January to 6th January 1992.

Delamont, S. (1992b). *Fieldwork in educational settings: Methods, pitfalls and perspectives.* London: The Falmer Press.

Delamont, S., Atkinson, P. and Parry, O. (1997). *Supervising the PHD: A guide to success.* Milton Keynes: The Open University Press.

Edwards, A. D. and Westgate, D. P. G. (1987). *Classroom Talk: The development of understanding in the classroom*. London: Methuen.

Elliot, J. (1991). *Action research for educational change*. Milton Keynes: The Open University Press.

Feldman, A. (1999). The role of conversation in collaborative action research. *Educational Action Research*, 7 (1), 125-144.

Fetterman, D. (1989). *Ethnography step by step*. Newbury Park: Sage Publications.

Harding, S. (1990). *The science question in feminism*. Milton Keynes: Open University Press.

Hargreaves, D. (1972). *Interpersonal relations and education*. London: Routledge and Kegan Paul.

Hopkins, D. (1985). *A teacher's guide to classroom research*. Milton Keynes: Open University Press.

Kincheloe, J. L. (1991). *Teachers as researchers: Qualitative inquiry as a path to empowerment*. London: The Falmer Press.

James, P. (1999). Rewriting narratives of self: Reflections from an action research study. *Educational Action Research*, 7 (1), 85-103.

Josselson, R., Lieblich, A., Sharabany, R. and Wiseman, H. (1997). *Conversation as Method: Analyzing the relational world of people who were raised communally*. Thousand Oaks: Sage Publications.

Landgrebe, B and Winter, R. (1994). 'Reflective' writing on practice: Professional support for the dying? *Educational Action Research*, 2 (1), 83-112.

Lomax, P., Evans, M., Parker, Z. and Whitehead, J. (1999). Knowing ourselves as teacher educators: Joint self-study through electronic mail. *Educational Action Research*, 7 (2), 235-257.

Lortie, D. C. (1975). *School teacher*. Chicago: University of Chicago Press.

McNiff, J. (1993). *Teaching as learning: An action research approach*. London: Routledge.

Moi, T. (1985). Patriarchal thought and the drive for knowledge. In: T. Brennan (Ed.) *Feminism and psychoanalysis*. London: Routledge.

Perez, A. I., Blanco, N., Ogalla, M. and Rossi, F. (1998). The flexible role of the researcher within the changing context of practice: Forms of collaboration. *Educational Action Research*, 6 (2), 241-254.

Plummer, G., Newman, K. and Winter, R. (1993). Exchanging letters: A format for collaborative action research. *Educational Action Research*, 1 (2), 305-314.

Pollard, A. (1985). *The social world of the primary school*. London: Holt, Rinehart and Winston.

Reimer, K. M. and Bruce, B. (1994). Building teacher-researcher collaboration: Dilemmas and strategies. *Educational Action Research*, 2 (2), 211-221.

Seidman, I. (1998). *Interviewing as qualitative research: A guide for researchers in education and the social sciences*, 2nd ed. New York: Teachers College Press.

Waters-Adams, S. (1994). Collaboration and action research: A cautionary tale. *Educational Action Research*, 2 (2), 195-210.

Zeni, J. (1998). A guide to ethical issues and action research. *Educational Action Research*, 6 (1), 9-19.

第八章

行動研究中閱讀／看的問題：一篇重寫的稿子[*]

成虹飛

這篇文章是重新寫過的，跟原始的版本不一樣。原先寫作的主題是「行動研究報告的閱讀經驗與省思」，現在則改成了「行動研究中閱讀/看的問題」。當初，挑了「閱讀」這個我認為在行動研究中很重要的議題，是因為行動研究的理論與實作，這方面的資料最近蠻充裕了[1]，幫我們瞭解它是什麼和怎麼做它，大概是夠了，但怎麼讀它卻很少討論。於是，在截稿時間的壓力下，沒日沒夜地把它趕完。那是凌晨三點半的時候，用電子郵件寄出了檔案。夜深人靜，心中卻隱隱覺得不安。事實上，那不安的感覺，一開始就在了，而且越來越強烈。在書寫的過程中，花了很大力氣，思緒卻一直是紛亂的，而且糾結著矛盾的情感，問題卻說不清楚。

那重寫之後呢？是否清楚了呢？我要承認，一些關鍵處仍然很模糊。但我真的想寫。寫出來才有辦法跟你仔細討論。那個仔細討論是我所寄望的。

先說我重寫的原委。當初我把焦點設定在「行動研究報告的閱讀」，希望透過一些省思與論辨來回答「如何閱讀行動研究報告」這樣一個孤立的問題。當初的思維邏輯是，如果我們知道怎麼閱讀行動研究，那麼行動研究的書寫問題，可以連帶獲得解決。因為知道了研究報告會被怎麼看，就應該知道要怎麼寫才對。會這麼想，是因為我注意到不同的人在閱讀行動研究報告的時候，常帶著懸殊的期望與分歧的解讀立場，使得行動研究的書寫充滿不確定性，甚至連它作為一種「研究」的正當性也無法確立[2]。於是我便想透過自己閱讀的經驗和省思，來摸索行動研究閱讀方式的理想可能性。

寫下去之後，才發現自己正陷入思維與立場紛亂的泥淖。好像我才代表一種「正確」的讀法，同時需要去指控其他閱讀方式的「不正確」。我花了許多篇幅去指控，卻又說不明白什麼才是

「正確」。原本期待要享用完稿後的快意，感受到的卻是不安。

很高興重寫了，讓我重看到最初的盲點。我把行動研究中的閱讀問題看得太狹隘、太簡單了。原來，我最初理解的閱讀，是狹義的，也就是「一個讀者採取一個角度去閱讀一份報告」這樣單調的活動。這種狹義的閱讀，其實只是行動研究中一系列更大更複雜的閱讀活動的一環。這個更大更複雜的閱讀活動，我用「看」這個一般性語彙來概括，以便和狹義的「閱讀」區分開來。

作出這樣的區隔之後，我便可以說，重寫之前，我所看到的閱讀是非常局部而且侷限的。之後的重寫，代表一種重看。我嘗試放大視野，拉遠鏡頭，把狹義的閱讀置放在更廣泛的「視覺」關係中，而且去分析這個視覺關係的結構與脈絡[3]。這樣一來，應該比較能脫離最初以井觀天的束縛，思維與情感都獲得更大的舒展，關於閱讀的問題也可以說得更清楚。

「看」的關係層次

說到「看」，便產生了誰在看、誰被看的關係問題，而且看別人的通常也被別人看。因此行動研究裡的「看」，基本上包含了三個關係層次[4]：

1. 研究者怎麼看與被看。
2. 被研究者怎麼看與被看。
3. 讀者怎麼看與被看。

標示出這三個層次之後，我們可以清楚的看到，狹義的閱讀只是第三個層次上的一部分活動而已，而且受到其他層次之間來

回互動的牽制。我想大部分的社會科學研究都牽涉到這種多層次的、看來看去的複雜關係。如果能釐清這些複雜關係，應該會讓我們更清楚地看到我們在幹什麼。在重寫之前，我並不明瞭這些複雜關係的存在，才會掉進泥淖裡。

　　為了更清晰地呈現這三個層次的交互關係，我試著把它們圖像化，箭頭代表觀看的視線方向：

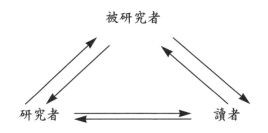

行動研究中「看」的三角關係圖

　　這個關係圖的用意，是促使我們在參與行動研究的時候，能警覺到自身的觀點如何與其他關係人的視線複雜地互動和交相牽制。然而，這個關係圖是極度簡化的。它沒有呈現更動態的、細緻的互動，譬如，被研究者、研究者與讀者這三個範疇，內部未必是同質的，而且每個範疇內部的人也會彼此看來看去，譬如，一群教師是被研究者，他們之間自然存在著某種互相看待的複雜樣態。其次，這三個範疇看起來像是三塊互不相屬的界域，代表三種截然不同的身份位置；其實不然，它們可能互相重疊或替換，比如，某人可能在某個研究過程中，既是研究者，又是被研究者，又是讀者之一，許多行動研究者都是如此。另外，這個關係圖背後，也有更大的社會脈絡，在此沒有呈現出來。關於這背後的社會脈絡，我在文章結尾會稍加觸及。最後，圖中箭頭所代

表的，只是視線的方向，並不能顯示看法本身的多樣差異。這是底下要討論的。

看的意義與功能

「看」這個字，有多重的意義。閱讀，是其中一種，比如，看書、看文章、看電影、看事情、看相，都帶有閱讀的意思，也就是從文本中解讀出意義。但是「看」還有許多其他意義[5]。套用Foucault的觀點，它牽涉到權力、知識、論述、實踐、規訓、主體位置與身份認同。「看」是一種權力的施展、流動與生產和接收，其中伴隨著特定知識與論述的運作，也規訓著人的身體和實踐的活動，型塑著人的主體認同，也就是把自己看做什麼[6]。再借用Lacan的說法[7]，我們好比活在遍佈鏡子的房間裡，從外界反射回來的影像中，看到了自己的圖像和主體位置。所以「看」，不單純是種物理的光學與生理的神經傳導作用，我們總在特定的社會位置和時空條件下，帶著特定的「看法」在看，也如此被看——雖然我們的注意力常被所看的對象所吸引，而不自覺到所持「看法」的來源與條件。

上面的三角關係圖，在這樣的解釋之下，它的結構張力就凸顯出來了。那來回的箭頭，不僅代表視線，更代表權力的作用。參與行動研究的時候，我們是處在這樣的目光與權力之網當中，以順從、對抗或協商的方式來過活。我們不是一個可以自由取景的獨立「攝影者」，有人一直在看我們，我們也看著他們。最後拍到的圖像為何，其實是我們與各方角力的對象與產物。底下我們再來看看，這種三角關係，如何在不同的研究派典中，呈現出不一樣的風貌。

量的研究中的「看」

在量的研究中，被研究者被當作實驗、觀察或受試的對象，也就是純粹的被看者。一般而言，他看不見研究者，更看不見讀者。只有研究者看見他，然後把他再現給讀者看。「單面鏡」的使用，便是這種觀看關係的具體象徵。實證論的知識性質，就杜威的說法，原本就是一種旁觀的科學，科學家始終站在一定的距離之外觀看研究的對象。

在量的研究者跟讀者之間，則需要具有相當的同質性，也就是需要共享一套有關研究方法的特定語言「符碼」（比如，研究設計、統計分析、效度與信度、寫作的語言格式等相關知識），作為溝通的基礎[8]。由於這套符碼的取得要求專門的課程訓練和陶冶，不是一般人所能掌握，它就變成篩選研究者與讀者資格的身份門檻。只有具備這種特定文化與符號資本的人，才能加入量的研究社群，更進一步累積社會資本[9]。這個社群的界線，基本上限定在學院的某些學科領域之內，享有生產「科學」知識的權威與聲望，以及學術人的身份認同。此社群中的成員，必須嚴謹地遵循特定的學術方法與規範，以維護此社群的身份認同與知識權威。這種嚴謹，是讀者與作者在生產與閱讀文本時，主要的監看焦點與規訓的內涵，反映在論文口試、研討會評論、期刊審稿意見等各種學術互動場合中。這種社群內的相互監看與規訓，當然不限於量的研究社群，只是這個社群要求的身份認同界線與溝通符碼特別清晰明確，使得一般人不易親近或加入罷了。

在量的研究中，被研究者雖然被看，但是卻沒有面貌。因為他們被看做「母群體」的抽象代表，不是具體的個人。有趣的是，研究者跟讀者也隱而不見，文本的權威性面容才是目光的焦

點。只要研究方法正確無誤，研究結果可信、可複製和可普遍化，作者和讀者究竟是誰都不重要，這也是「客觀」的精義所在[10]。正因為如此，研究者、讀者、被研究者之間所存在的權力關係，以及知識生產中牽涉到的道德與政治意涵，都很難被看見、被爭論。由於他們的具體身份都已經被「客觀」地抹去，主體間對話的可能性也被有效排除。

質的研究中的「看」

質的研究歷經不同的發展過程，「看」的三角關係也呈現戲劇性的變化。以英語世界為例，Denzin 與 Lincoln 區分出七個發展階段[11]。最關鍵的轉折發生於一九八〇年代中期，在詮釋學、符號學、批判理論、女性主義、後現代主義、建構主義等思潮的衝擊下，質的研究社群因而面臨了三重危機（triple crisis），分別是再現的危機（crisis of representation），合法性的危機（crisis of legitimation）與政治實踐的危機（crisis of praxis）：研究者再現真相的權威性遭受強烈質疑，評價與詮釋質的研究的傳統規準被不斷挑戰，質的研究到底只能作為描述的文本還是應該促發社會的改變也成爭論的焦點。

Denzin 與 Lincoln 指出，第五階段是質的研究社群力圖回應這些危機的實驗過程，多元的再現他者的方式和多重的邊緣聲音開始浮現，研究者自居為抽離的旁觀者這樣的立場也被揚棄，參與式的、行動取向的研究顯露頭角。當前的第六與未來的第七階段，已經把虛構式俗民誌（fictional ethnography）、詩文俗民誌（ethnographic poetry）、多媒體文本（multimedia texts）視為當然的再現方式，力圖將研究與民主社會的理想實踐結合，追求一種

道德的（moral）、崇敬的（sacred）社會科學。質的研究者的自我反映力和道德承擔越來越受重視。

在這樣的歷史關照下，許多質的研究者從高高在上自以為客觀的觀察者這樣的美夢中覺醒，意識到自己在社會結構與文化霸權中的權力位置，開始把研究當成一種政治實踐，而不是真相的再現。原本，我們可以使用研究者的名器去觀看研究對象，再把看到的東西描述給研究社群的同僚一起觀看，彷彿被研究者就如同大家所觀看到的一樣。被觀看的人，他的影像與聲音被研究者捕捉，經過剪輯之後播映在研究社群之中，只是有匿名保護，重點部位被馬賽克處理過而已。大家可以針對被觀看者評頭論足一番，也可以煞有介事地像量的研究社群一樣，討論起研究效度——比如，可信度（credibility）、可轉移性（transferability）、可證實性（confirmability）、可依靠性（dependability）[12]——以此來樹立文本的權威性。

可是在台灣這個地方，圈子很小，被觀看的人知道，雖然有馬賽克處理，這樣的保護只是聊備一格，太多的蛛絲馬跡可以拼湊出個別的身份與場景。而且，跟量的研究不同的是，看得懂質的研究報告的讀者，不限於學院之內，包括他自己和其他同事與親朋好友都可以把報告拿來，當作讀故事般一覽究竟。被研究者不是純粹地被看，他也在看研究者怎麼看自己，甚至也會考慮到讀者怎麼看自己。在這種關係顧慮之下，還願意被觀看的人，通常處與權力的弱端，或是少數樂於展現自我的秀異典範。

「你們像是隔著毛玻璃看我洗澡！」曾經有位聰慧的被研究者這麼說[13]。在她這麼說的時候，已經不是站在浴室裡被看的位置了。她是站在外面看著研究者怎麼看那時候裸露的她洗澡，而且她知道研究者隔著毛玻璃，永遠看不清楚她。如果是這樣，研究者看到的又是什麼呢？讀者透過研究者的剪輯轉述又看到什麼

呢？有誰知道那片毛玻璃的存在呢？那片毛玻璃又象徵著什麼呢？正在另一邊洗澡的人，看到的研究者又是怎樣的呢？她又會擺出什麼姿態給人看呢？讀者與研究者之間，難道就沒有另一片毛玻璃嗎？恐怕大家都是在模糊晃動的幢幢人影中，想像著彼此的真實面貌吧！那我們究竟在搞什麼鬼呢？質的研究的危機真不小哇！

關鍵在那片毛玻璃。它象徵著主體之間相互溝通的所有阻礙。主體、主體之間的溝通媒介、主體間的關係，都是在特定的社會歷史條件下被結構的。如果我們期望有兩個獨立自由的個體，可以毫無窒礙地運用理性，超脫權力關係、語言符碼與主體經驗的限制，毫不扭曲地達到彼此的瞭解，恐怕是種天真的期望。相反地，我們的瞭解，原本就是透過權力關係、語言符碼和個人主體經驗而獲得的瞭解。這種瞭解是局部的、片面的、相對的、流動的，並非是真實世界的一對一反映。與其說這是質的研究的危機，不如說這是目前我們自覺到的存在處境吧！如果我們能覺察毛玻璃的存在，知道瞭解與溝通之不易，或許還能想辦法瞭解得多些，溝通得多些。至少我們可以一起來面對這些橫在我們之間的毛玻璃。

既然知道毛玻璃的存在，知道再現不是一對一的真相反映，就不必再拘泥於單一的觀看與再現方式，而可以多方嚐試，去描繪與表達那些被傳統再現方式所壟斷排除的圖像，以多重的再現方式與批判角度去幫助我們看見那原本不可見的，說出那原本不可說的[14]。這是為什麼戲劇、文學、肢體、影像這些語彙都變成了可被接受的研究報告文體（台灣還有待我們努力）。如果神聖的學術正統典範可以衝破到這種程度，研究者、被研究者、讀者之間的角色關係又何嘗不可以重新界定？行動研究正開啟了這樣的可能。

行動研究中的「看」

在「看」的三角關係中，行動研究最特別的是，傳統上經常扮演被研究者角色的人——通常是學院外的實務工作者，開始扮演起研究者的角色，而且讀者的組成也因此可以不限於學院的藩籬，讓實務工作者加入，成為讀者群的一部分，增加了其中的異質性。近年來我們已經可以在若干行動研究研討會的場合，看到學院中人和實務工作者併肩出場發表論文，觀眾席也夾雜著各方人馬，爭先發言，眾聲喧嘩的態勢儼然成型[15]。

一個耐人尋味的問題是，實務工作者在百忙之中為何要作行動研究呢？理論上不難理解，為了專業效能的提昇。但在現實上，從事研究所需要的誘因與資源又從何而來？以台灣教育場域為例，由於教育改革的政策，需要基層教師配合落實，中央與地方政府開始以行政命令或經費獎勵，推動學校教師從事行動研究。加上近年來教育研究所碩士班的擴張，在職教師的進修人數增加，一些以行動研究方法完成的碩士論文也陸續出爐。一些學院教授也採取協同行動研究方式和基層教師合作完成研究案。這些都是教師行動研究報告不斷生產的主要因素。

表面上看，這似乎是個令人振奮的時刻。理論上，實務工作者從事行動研究，可以拉進理論與實踐的鴻溝，獲得知識的生產權，提昇專業的自主性，改善實務工作的品質。但實際上是否如此呢？行動研究該怎麼做？怎麼寫？怎麼讀？恐怕眾說紛紜。那我們又如何確知，它真的值得做？值得寫？值得讀？如果我們要解讀這波行動研究風潮的意義，可能要更仔細去審視行動研究的產製與接收的脈絡。這又回到「看」的三角關係，讓我們更細緻地來分析一下正統學術研究與行動研究之間的連結。

教師作為「永遠被看的他者」

　　以教育研究而言，傳統上，不論量或質的研究，基層教師常常都是被觀看的角色，而且是一種上對下的觀看。在典型的研究報告中，尤其在「結論與建議」的部分，常常會看到類似這樣的表述：

　　1.建議教師應注意…
　　2.建議應加強教師的…
　　3.建議教師應提昇自己的…
　　4.建議教師應改善…

　　在上面這種常見的論述型態中，教師被看作研究中的「他者」（other），並不具有主體性。研究者才是知識生產的主體，此主體決定生產何種知識，決定要呈現的議題，提供實踐的論述，並以此論述來規範教師／他者的作為[16]。所以我們才經常會在報告的結論與建議中看到「教師應如何如何」這樣的指導性（prescriptive）論述。然而，一般基層教師是不會讀到這些學術報告的，他們多半不會是真正的讀者，因為他們不在學術研究的社群之中。但是這樣的「教師應如何如何」論述仍然具有重要的功能，它為研究社群區隔出自己與基層教師之間的身份認同界線，強化學院與基層之間知識生產上的「中心—邊緣」關係，以及再確認彼此上對下的權力位階。那論述是有效地講給研究社群自己聽的。

　　尷尬的是，如果我們是具有教師身份的研究者——不論是大學教師或其他學校教師，在寫論文的結論與建議的時候，如果也使用「建議教師應如何如何」的字眼，那我們是否把自己也視為這些教師中的一份子呢？我們是不是會以身作則率先落實這些建

議呢？還是說，我們認爲自己寫的仍是別人（他者），而不是在寫自己。果眞如此的話，我們身爲教師的那一部分跑到哪裡去了呢？我們究竟該怎麼看自己呢？難道說，我們身上的教師身份，也變成了研究者之外的另一個他者？當我們以研究者身份要作結論與建議的時候，也就是宣稱知識的時候，爲什麼常常連自己身上的教師身份也要抹除呢？教師難道只能是不具主體的、永遠被看的他者嗎？

那麼行動研究呢？是否能改變教師當個「永遠被看的他者」這樣的宿命，而翻身爲觀看與訴說的行動主體呢？恐怕沒那麼容易。在台灣，近年來的教改風潮，使得教師不只被學院研究者觀看，也被社會與論監看。打開電視或翻開報紙，教師常常被刻劃成抗拒進步者、教育觀念與教學方法落伍者、改革的對象。前教育部長吳京說過：「教師都要換腦袋」的名言，正是這種主流論述的代表。社會主流論述是這樣看基層教師的，標示出教師的被動無能的主體位置，使得教師很難發展另外一種積極肯定的視框與論述，來看自己、說自己和重塑自己的主體性。

我們的教育研究似乎也難以掙脫於這樣的主流論述之外。但是學院的型塑眼光採取的是更「文明」的方式。雖然行動研究促使教師可以扮演研究者的角色，但研究呈現的仍是被看的自己，仍是那「永遠被看的他者」。以前還有「馬賽克」保護，而且作品的成敗好壞之責由學院研究者負擔，現在變成自己要現身說法，直接遭遇來自學院讀者的監看眼神——「妳的東西夠資格算做研究嗎？」。學院中人，由於在教育場域的特定位置上，長期接受學術的訓練和陶冶，身上都帶著某種固定的生存心態[17]。不難想像，學院中的讀者一旦碰上教師寫的行動研究報告，很可能就把它自動納入以下這些判準中來檢核：「研究方法是否嚴謹？」、「敘述方式是否客觀？」、「研究發現可否普遍推論？」、「寫作格式是

否合乎APA規定？」、「是否有足夠文獻理論支撐？」如果答案皆是否定的，這份報告立刻就被排除在「研究」與「知識」的範圍之外，因為它不符合學院「高文化」的格調，沒有進入研究社群的資格。「鼓勵教師作行動研究」是最近常聽見的說法。但教師作行動研究，給誰看？教師願意被這樣看嗎？在這樣的目光之下，教師會生產出什麼樣的文本呢？

四種行動研究的文本

在我個人的閱讀經驗中，教師所生產的行動研究文本，可以區分出四種類型。一種是向上迎合的文本，一種是消極抗拒的文本，一種是單向獨白的文本，以及主體對話的文本。所謂向上迎合的文本，是為了配合上位者的要求或期望，製作出令上位者滿意的作品，以此來確認自己受上位者接納與肯定的位置。在此被看成上位者的，可能是行政官員或學院教授，握有教育資源的分配權力。這種文本的最大特徵在於，它設定的讀者不是其他教師，而是上位者；文本的內容與形式是依照上位者的期望和要求來決定。這種文本通常會特別注重標準形式，內容則特別強調成果績效的呈現，而很少交代行動與研究歷程中遭遇到的衝突、挫敗和參與者對於這些歷程的省思與批判。基本上，這是一種換取關愛眼神而進行的表演。它的著眼點是要「看起來不錯」。作者需要顯露自己最好看的部分，遮蓋住有問題的部分。

第二種消極抗拒的文本，也很容易辨識，這種報告通常是拼湊的、剪貼的、抄襲模仿的、沒有實質內容的。這種文本給人乏善可陳、交差了事的感覺。它設定的讀者也不是其他教師，而是上位者。是在上位者的壓力下不得不做出來的產品。著眼點在於

「看得過去」，但裡面「什麼也沒有」。作者既不想展現優異的績效，也不想討論任何問題。文本看起來雖然五官俱在，卻是個拼裝假人。只是做給人看的，看過就扔了。

　　這裡有兩點需要特別澄清。第一，所謂的「上位者」到底期望什麼或要求什麼，也是透過教師自己隔著毛玻璃觀看到的詮釋結果。「上位者」有很多種，甚至包括那些想要拒絕這種「上位」身份的人。第二，「向上迎合的文本」與「消極抗拒」的文本，在我看來，未必哪一個比較好或比較壞。重要的是這兩種文本所出現的共同脈絡。在此脈落下，教師都是處於一種上對下的被看位置，只是他們選擇怎麼被看的方式不同。這兩種方式，都反映出教師主體性的開展受到壓抑與扭曲。以Bourdieu的觀點來看，向上迎合的文本，或許很值得憂慮，因為這種自願的共謀關係（complicity）是一種符號暴力（symbolic violence）作用的下的結果，是宰制結構下的複雜產物，使階層的支配關係得以持續穩固[18]。然而，消極抗拒的文本也一樣需要警惕，因為它更坐實了教師不求進步的預言，也繼續複製教師在教育場域的下層邊緣位置[19]。當我讀到這兩種文本的時候，並不希望去批判它們的作者，而是去反思生產這些文本的過程與脈絡。我甚至覺得，這種文本的出現，反映出結構的問題，而我們是結構的一部分，因此也是問題的一部分。

　　第三種文本是單向的獨白。作者的表達意圖強烈，有自己的話要說，但是卻沒有人回應，變成單方面的宣示、演出或喃喃自語。可能作者只是想說，卻不想聽；可能讀者想回應，卻聽不懂作者說什麼；也可能，讀者根本就是冷漠的旁觀者。這種文本很難說出它固定的特點，只能從溝通的效果上來辨識。或許作者具有某種獨立的個體性，卻無法引發共鳴的聲音和參與的交流。它存在的意義是被隔絕與封閉的，因而催化不出新的可能性，像朵

沒必要開的花。這時候，總希望有人打破沉寂，回應那孤獨的言語。

我認為我們需要努力去促發生產的，是第四種「主體對話的文本」[20]。經由這樣的文本，教師以清晰的主體面貌和其他教育工作者對話。用前面洗澡的譬喻來說，她不是洗給別人看，而是邀請大家一同來洗，互相觀摩與彼此回饋洗澡的經驗，甚至還可以共同來檢討澡堂的空間設施與配置、反省與批判既有的洗澡文化，營造更進步的洗澡環境。在這種文本當中，作者敢於裸裎相對，實踐過程的細膩描述與反思更重於成果績效的展示。而且在呈現的形式上，也願意嘗試多元的再現形式和書寫文體。這種文本可以引發持續熱烈的經驗交換，它的意義不斷被讀者豐富化，連結到各個人實踐的脈絡中，引起發酵的作用[21]。個人主體的創作因而被納入集體的自我創作過程[22]。這種文本未必合於正規研究的書寫格式，甚至未必以文字書寫，而可能以口頭或肢體等其他方式傳達。底下我簡短地介紹一篇文章來作為這種文本的一個實例。

以李文英的文章為例

這篇文章的題目是「田野之聲——田園教學實務與教學行動反思」，將投稿在一份教育月刊。作者的署名方式是：「基層教師協會／湖田國小李文英」。全文約九千字，採敘事體（narrative）。這篇文章即是她「一學期實作經驗的呈現，並嘗試揭露自己課程設計的行動歷程與第一線實務工作的老師分享。」文英以將近三分之二的篇幅，描述並反省了六次上課的實作經驗，並從每一次實作中不斷釐清自己的位置與課程的意義。

她的寫作方式很特別，用印刷的字體區隔出實作過程的描繪（標楷體）與反省的敘述（細明體）。兩種字體以交錯方式隨著時間的進展順序鋪陳。透過標楷體所呈現的實作歷程中，文英依序描述了六次課程活動的課前構思、實際進行的過程、在過程中觀察到孩子的反應以及教師的表現、事後的感想、和檢討與修正。在細明體列印的反省文字裡，文英表達出一種後設的反映性思維，反省課程的意義和教師的角色位置。

我在這篇文章看到幾個特點：它不是課程發展的成果績效展示，而是實作過程的曲折描述與自我反映，更包含了對孩子學習經驗的體察；這篇文章針對的讀者，是有意識地設定為「第一線基層老師」，企圖發表在一本非純學術的教育刊物上；不但如此，作者的分析角度，不限於課程發展的技術層次，更擴及到體制結構因素的覺察，也涵蓋了教師集體處境的關照。我認為這幾個特點加起來，浮現出來的是一幅新的教師身份圖像[23]。

文英的論述，不論就作者而言或就她所設定的讀者而言，都包含在一種以教師為主體的想像社群（imagined community）之中[24]。在這樣的想像中，教師是主動的知識生產者、行動者、反省者與協同對話者。這樣的教師社群，在現實中發展到何種程度，仍有待觀察。但是文章本身，可以視為一種新論述的生產實踐。這樣的新論述，對於教師主體位置的轉化以及教育實踐的更新，我認為都有積極的意義。我再摘錄文英文章的一段話來表徵這個新的圖像，反省了她和合作夥伴的實作經驗之後，她說：

和雅玲協同合作的經驗，更讓我深刻感受到：要讓教師間的協同合作產生實質的作用，學校制度中如何打破原來的結構，將教師間協同對話的空間設計進入是重要的支持力量。以此次合作的經驗為例，我們兩人討論課程幾乎都必須擠壓

到彼此下班後的時間，若不是自己帶著教師集體前進的想法、我們都單身沒有家累、剛好她又住宿舍，其實很難有條件發展成協同對話的夥伴，對多數的老師來說並沒有這樣的合作基礎，很容易迫於完成教學需要和時間的壓力，就流於形式上的討論——只是把工作分配分配就了事，就像我們…低、中、高年級六位老師之間，就因為沒有這樣的條件基礎，彼此無法進行教學設計和經驗的分享，於是課程在縱向的連結上十分不足，我即使意識到這一點，卻仍然使不上力，才深覺到在學校結構中創造教師協同的機制，對老師來說是多麼重要的支持！所以在一學期田園教學快結束的一次討論會議中，我大膽的向學校提出這樣的要求--將教師間共同討論和對話的空間設計放進學校正式課程時數中，獲得認同。我想有了這樣的空間，對學校未來推行之九年一貫課程，各科課程統整、教師協同對話、班群教學的推動，才有實質上的助益。

上面這段文字，讓我感受到一位教育工作者跟讀者對話的企圖。她認真地想與讀者一起檢視她和夥伴之間的在地實作經驗，強烈地呼籲協同對話，並爭取對話的空間資源。所以我把這篇文章看作一種主體對話的文本。

想像一個不一樣的研究社群

像李文英那樣的文本，有多少教師寫得出來呢？需要什麼樣的條件呢？我認識李文英，最初是因為擔任她碩士論文的口試委員。之後，我們又常在基層教師協會以及行動研究相關的一些活

動場合碰面。她會寫出那樣的文章，其實經歷過漫長艱辛的成長歷程。這個成長歷程，她用行動研究的方式寫在碩士論文之中。就我的瞭解，作為一位教師，她自我轉化的關鍵時刻，是發生在她進入輔大應心所以及參與基層教師協會的兩、三年之間。這兩個社群提供了她自我轉化所需要的社會溫床和論述語彙。它們都是高度重視反映性對話的支持性團體，讓成員幫助彼此去看見自己的實踐邏輯和生存處境，發展出新的視框與行動力量。[25]

我並不認為教師的面貌應該都像文英一樣，更不認為支持性的群體都該走同樣的路徑。但我認為，要讓主體對話的行動研究文本出現，的確需要去想像一種新的研究社群，而且需要以具體的在地實踐，不斷去編織大大小小的這類社群。這類社群之中，研究者、被研究者、讀者的三角關係會被重新界定，看待彼此的方式也將改弦更張，研究社群的地圖疆界也將被重劃。

在此想像的社群之中，成員都是教育工作者，可能來自幼教、中小學、大學或其他場域。他們或許站在不同的結構位置，處在不同社會條件之下；不但彼此之間有差異，各自內部也有差異。可是此社群中的成員，都能意識到並願意去面對與跨越這些差異。他們不斷尋求重新界定彼此間的交互關係，不斷要轉化所在的結構。因為此結構把人鎖死在階層化的支配關係中，經由層層監控與規訓的技術和主流論述與再現機制，形塑人的主體，使人無從長出自主性和反省批判的行動力，也使得一種民主社會的理想生活方式變得遙不可及。

我認為，主體對話的行動研究文本，必須從這樣的社群土壤之中才能萌芽茁長。因為此社群努力泯除「中心─邊緣」的劃分，經由不斷地解構和再建構既有的符碼、論述、身份認同、主體性、觀看彼此的方式與權力關係，釋放多元的聲音，並讓這些聲音持續地對話，開闢協同的可能。

「看」，不必是據爲己有的自戀或窺淫式的戀物癖，也不必是征服者的帝國之眼，更不必是一種討好取悅或畏懼懲罰的仰視。它可以意味著睜開眼睛，擺脫盲目，幫人排除不必要的束縛，尋求更大的自由。它，也可以意味著關注與團結。或者，只是會心地捻花一笑。

這個社群的建立，需要長期的努力。在它能妥適處理內部觀看的三角關係之時，也將能夠往外去檢視自己在台灣社會發展與全球化歷程中的相對關係位置，而不至於盲目地受困在既有結構體制的支配當中[26]。

結語

重寫這篇文章，是希望讓我自己和你能看到不一樣的東西。重寫，是件辛苦的事；重看也是。我們需要重看的，不僅是行動研究，還有觀看的三角關係，以及我們自己。現在的我，比起寫完初稿的時候，暢快許多！希望我們能一起想像那不一樣的研究社群。

（後記：許多看過這篇文章草稿的夥伴都會問：「在重寫之前的那篇初稿裡，你到底寫了些什麼？」我想說的是，重寫意味著一種脫離既成框架的嘗試，而且這樣的嘗試並不因爲重寫一次就停止。現在你閱讀的這個版本，說不定改天我又以其他方式重寫了。我認爲，書寫總是可以重頭再來，閱讀／看也是這樣，都是一種意義的暫時性建構。所以，就不必太執著了。）

附註

*這篇文章的完成，要感謝新竹師院國教所以及課程與教學碩士班研究生的回饋。也特別感謝就讀於美國俄亥俄州立大學教育學院文化研究博士班的彭秉權，針對初稿與重寫稿所作的詳盡討論。更要感謝基層教師協會的李文英與侯務葵老師，對於這篇文章提出的批評與建議。

1. 譬如陳惠邦（1998）以及夏林清、中華民國基層教師學會譯（Altrich, Posch & Somekh, 1997）。

2. 有關行動研究的閱讀問題，不勝枚舉。比如說，為了課程改革，所以要推動教師作行動研究。假如教師真的寫出報告來了，那麼，我們會怎麼解讀一篇七拼八湊，看起來像是心不甘情不願，應付了事的作品呢？如果是一篇圖文並茂、展現課程改革高度成效、績效輝煌的精美製品，我們又如何看待？如果報告呈現出來的是連串的衝突與挫折，又以失敗的結局收尾，我們的反應又會怎樣？還有，報告的書寫格式重要嗎？參考書目一定要嗎？我們該在乎研究的效度嗎？這麼說好了，我們能接受什麼樣的行動研究報告？標準是什麼？有多少教師會認同和達到我們的標準呢？如果他們有自己的標準呢？我們真的認為，教師有資格做行動「研究」嗎？可以登在學術期刊上嗎？可以通過論文口試嗎？

3. 這樣的思維來自Barthes（1972）的符號學。

4. 參考Mulvey（1975）的分析觀點。她將影片的觀看角度（spectatorship）分為三種：從鏡頭拍攝的角度、從銀幕前觀眾的角度、以及影片中人物互看的角度。我把她的分類做了一些調整。

5. 翻開《辭源》，有五種解釋，分別是：「視」、「訪候」、「守護」、「待遇」，和作爲一種「姑且一試」的語助詞。就英文「look」這個字而言，根據 *Webster's Ninth New Collegiate Dictionary*，它的意思包含：確認（make sure）、關照（ake care）、眼見爲證（to ascertain by the use of one's eyes）、施展審視的權力（to exercise the power of vision upon: EXAMINE）、尋找（to search for）、巴望等待（to await expectantly or watchfully）、用眼神表情來示意（to express by the eyes or facial expression）、具有一種適切吻合的外表（to have an appearance that befits or accords with）等等。

6. Foucault（1970; 1977; 1982）.

7. Lacan（1992）.

8. 有關於符碼的理論，參閱 Hall（1993）。

9. Pierre Bourdieu（1992）的術語，「文化資本」，指的是我們從家庭與教育中習得的行爲習性與風格；「符號資本」，指的是分析的工具與思維的分類範疇；「社會資本」，指的是持續的相當建制化的人際交情網絡及其伴隨而來的實質資源的總和。

10. Foucault（1984a）

11. Denzin & Lincoln（2000）。

12. 這是 Lincoln & Guba（1985）早期提出來爲美國質的研究豎立合法性的四個效度規準。

13. 這是來自簡楚瑛教授與我分享的田野工作經驗。

14. Lather（1994）。

15. 例如，台東師院國教所連續三年舉辦行動研究學術研討會，參與者來自學院和基層。就我觀察，會場整體氣氛都十分熱烈。

16. 這是 Foucault（1970）的說法，論述替人建構出他的主體位置（subject position），人進入這個主體位置之後，便臣服於此論

述的規範，成為此論述的知識／權力作用下的主體。

17. 根據（Bourdieu, P., 1972）：生存心態（habitus）是環境所產出的持久的、可傳遞的習癖體系（systems of dispositions），是一種被結構的結構（structured structures），具有將結構結構化的功能（structuring structures），使實踐行為得以產生並有規律，因而複製結構。譬如特定社會階級有其所養成的特定習癖，包含認知方式、品味、生活風格等等。（p. 72）

18. Bourdieu & Wacquant, 1992, pp. 171-2。

19. 參考Willis（1977）的反抗理論。

20. 我提出「主體對話」這樣的概念是受到哲學詮釋學者Gadamer（1991）的啟發。

21. 這裡值得引介Lather（1994）提出的逾越性效度（transgressive validity）觀點，她藉此觀點來內爆統威權式的效度觀，透過四種顛覆性的策略尋求文本的解放：反諷（ironic）策略：將再現視為難題而非真實的反映；悖論（paralogical）策略：尋求差異而非同質，尋求異議而非共識；多芽併生（rhizomatic）策略：以在地衍生的脈絡化論述鬆動任何僵化獨霸的論述型態；以及情慾（voluptuous）策略：用女性的／母性的想像與實踐來瓦解和踰越男性霸權的真理王朝。

22. Foucault（1984b）在晚期作品中，也開始談論到自我創造之技術（technologies of the self）的概念。我認為行動研究也屬於這樣的「技術」之一。此外，敘事治療（narrative therapy）也運用了這樣的概念。參閱White & Epston（廖世德譯，2001）以及Freedman & Combs（易之新譯，2000）。

23. 這裡呼應范信賢（2000）所提出，台灣教師正面臨發展新身份認同的契機。

24. 這個概念借用自Anderson, B. 吳叡人譯，（1999），《想像的共

同體》一書。

25.有關對這兩個社群較詳細的介紹，請參閱：李文英（1990）。

26.我的論點受到Bourdieu（1998）的啓發。他在*Homo Academicus*這本書中，從社會學角度對於當代法國的學界作了一番批判的觀察。他認爲，唯有將研究者的研究成果返回來運用在研究者自身，追究自己在特定位置上與實踐軌跡上所具有的癖性與利益，以及這些癖性與利益如何隱含在我們持有的概念與看待問題的方式上，才能使我們獲得思維的自主與自由，獲得從結構的支配關係中掙脫的可能。此外，套用Bourdieu的說法，教育實踐場域在更大的社會權力版圖（the field of power）中是處於被支配的位置（dominated position)(Bourdieu & Wacquant, 1992, pp. 104-5）。我們的教育界究竟如何被支配和具有多少自主性，有待深究！

參考書目

中文部分

李文英（1990），身體的包袱——一位國小老師主體探究與身體教育實踐的故事，輔仁大學應用心理研究所碩士論文。

范信賢（2000），教師身分認同與課程改革：後殖民論述的探討，《國教學報》，12。

陳惠邦（1998），《教育行動研究》。台北：師大書苑。

夏林清、中華民國基層教師學會譯 （Altrich, Posch & Somekh 著）（1997），《行動研究方法導論》。台北：遠流。

英文部分

Anderson, B. （吳叡人譯，1999）*Imagined communities reflections on theorigin and spread of nationalism*《想像的共同體：民族主義的起源與散布》台北：時報。

Barthes, R. (1972). *Mythologies.* London: Cape.

Bourdieu, P. (1972). *Outline of a theory of practice.* (Translated by R.Nice in 1977). Cambridge: University Press.

Bourdieu, P. (1998). *Homo Academicu*s. (translated by Peter Collier). Cambridge: Polity Press.

Bourdieu, P., & Wacquant, L. J. D. (1992). *An Invitation to reflexive sociology.* Chicago: University of Chicago Press.

Dezin, N.K., & Lincoln, Y.S. (2000) Introduction: The discipline and practice of qualitative research. In In Dezin, N. K., & Lincoln, Y. S. (Eds.). *Handbook of Qualitative Research.* (pp.1-28) Second Edition. London:Sage.

Foucault, M. (1970). *The order of things.* London: Tavistock.

Foucault, M. (1977). *Discipline and punish.* London: Tavistock.

Foucault, M. (1982). The subject and power. In H. Dreyfus & P. Rabinow. (eds.). *Beyond Structuralism and Hermeneutics.* Brighten: Harvester.

Foucault, M. (1984a). What is an author? In P. Rabinow (Ed.). *The Foucault reader.* (pp. 101-120) Harmondsworth: Penguin.

Foucault, M. (1984b). On the genealogy of ethics: An overview of work in progress. In P. Rabinow (Ed.). *The Foucault reader.* (pp. 340-372) Harmondsworth: Penguin.

Freedman, J., & Combs, G. （易之新譯，2000）*Narrative therapy.* 《敘事治療：解構並重寫生命的故事》。台北：張老師文化。

Gadamer, H. (1991). *Truth and method.* (2nd revised ed.). (J. Weinsheimer & D. Marshall trans.). New York: Crossroad.

Hall, S. (1993). Encoding,decoding. In S. During. (Ed.). *The Cultural Studies Reader.* (pp.508-17) London: Routledge.

Lacan, J. (1992). Jacques Lacan: From 'the Mirror Stage' (1949). In A. Easthope & K. McGowan. (Eds.). *A Critical and Cultural Theory Reader.* (pp. 71-76) Buckingham: Open University Press.

Lather, P. (1994). Fertile obsession: Validity after poststructuralism. In A. Gitlin (Ed.). *Power and Method: Political Activism and Educational Research.* (pp.36-60) New York: Routledge.

Lincoln,Y.S., & Guba, E. (1985). *Naturalistic inquiry.* Newbury Park: Sage.

Mulvey, L. (1989). *The visual and other pleasures.* Basingstoke: Macmillian.

Rabinow, P. (Ed.). (1984). *The Foucault reader.* Harmondsworth: Penguin.

White, M., & Epston, D. （廖世德譯，2001） *Narrative means to therapeutic end.* 《故事、知識、權力：敘事治療的力量》。台北：心靈工坊文化。

Willis, P.(1977). *Learning to labour: How working class kids get working class jobs.* New York: Columbia University Press.

第九章
行動研究成果的評估與呈現
·······································

甄曉蘭

前言

　　近年來，一連串的課程與教學改革為教師教學實務帶來許多的衝擊，教師不僅要能夠勝任新的教學挑戰，也要有課程設計能力進行學校本位課程的發展與評鑑，無可否認地，在鼓勵學校本位課程自主發展，實施草根模式推動教學革新之際，「教師即研究者」的角色以及具備實務探究的能力，對提昇教師專業知能致力於課程與教學的改進而言，是愈來愈重要。許多學者極力主張透過教師專業發展來加強教師的行動研究能力，進而達到教師專業成長、改革課程與教學的理想，認為推廣行動研究是加強教師教學研究、改進教學實務的有效途徑（例如，Carr & Kemmis, 1986; McKernan, 1996；歐用生，民85；蔡清田，民86；陳惠邦，民87；甄曉蘭，民89）。的確，相較於專家學者而言，教師實在更具備資格、也更有必要參與課程與教學的實務行動研究，藉以省思個人的課程構想與教學信念、培養課程與教學的敏銳度與判斷力、提昇解決實際教學實務問題的能力，進而建立以實用為取向的教師個人理論（teacher personal theorizing），在日常教學實踐中，不斷強化自我的專業自主能力來改進課程與教學（甄曉蘭，民86）。

　　基於多方的鼓吹與獎勵，以及課程改革的實際需求，值得欣慰的是，有越來越多教育實務工作者（包括：學校行政人員及教師）願意嘗試用行動研究來探索、解決實務問題。許多學校除了積極鼓勵教師參加在職進修與課程教學研習外，也致力於提昇教師行動研究的能力，藉以培養教師覺知問題的敏銳度、激勵教師養成隨時蒐集資料並思考其意義的習慣、刺激教師對自我角色的反省與批判等，進而探究、研擬出以學校實務為中心考量的最佳

課程方案與教學策略。然而，很可惜的是，許多實務工作者並未能將其豐富的行動探究經驗公開地與他人分享交流，一方面可能是礙於對自己專業信心的不足，衍生出對公開發表的疏離感與畏懼感；另一方面則可能是受限於傳統學術發表的形式，陷入了不知如何呈現是好的困境。也有一些實務工作者雖然非常勇於發表、樂於與他人分享其行動探究心得，呈現出高度的專業熱情與感性，讓人深受激勵，但是有時候卻出現了過度自我表述的現象，疏漏了用理性的態度對整個行動探究過程與結果予以客觀描述與批判。因此，本文特別分析公開分享行動研究成果的重要，也特別探討評估行動研究成果的效標以及行動研究成果分享的重點與呈現的方式，希望能鼓勵更多實務工作者願意、也知道如何分享其行動研究的經驗、啓示與實務知識。

分享行動研究成果的重要

教育實務工作者採取行動研究進行實務探索，是以解決、改善工作情境中課程與教學的實際問題爲主要目的，從問題解決的歸納過程、實務的參與過程、自我批判的反省過程中獲得行動實踐能力的提昇。因此，教師實施行動研究基本上至少會導出三方面的成果：（1）課程與教學實務的改進，（2）增進對自身實際教學行爲的瞭解，以及（3）教學情境中實際發生情況的改進（Carr & Kemmis, 1986）。教師若能透過研究成果的分享和其他教師交換意見，作公開、眞誠的實務反省與檢討，增加彼此間的相互切磋琢磨，必能有助於實務工作者一起攜手建立學習社群（learning community）。如此，實務工作者才可能在教師自身的行動研究基礎之上，彌補理論與實際之間的差距，發展並轉變教師

的教學實務，進而增進教師的教育專業理解與教學專業技能。

　　誠如陳惠邦（民87）所指出，教育行動研究是一種公開探究的形式，教師應該把所蒐集到或記錄到的資料，與其他教師相互分享與討論，並且藉以釐清與辯證資料中的衝突與矛盾。教師公開分享行動研究的成果，能夠引起其他教師的共同思考與批判性對話，進而獲得情感上的、認知上的與行為上的共鳴，並對其他教師的教學實踐產生啟發意義。Altrichter Posch和Somekh等人則具體分析了藉由分享行動研究成果來公開教師的知識的重要（引自夏林清譯，民87，頁228-231）：

　　◇公開發表可讓教師知識免於被遺忘
　　◇教師寫作發表知識的過程增加教師教學反省的品質
　　◇研究發表的過程中，教師突顯他們自己的地位，而且藉由
　　　理性討論的方式展現具有影響教育決策的力量
　　◇透過發表教師符合了專業責任的要求
　　◇發表教師的研究，可使教師在專業成長與新手教師的教育
　　　上扮演更積極的角色
　　◇藉由提出研究報告，教師強化了自己的專業自信
　　◇透過發表研究知識，教師提昇專業地位

　　的確，行動研究涉入了許多教師內在的反省思考與內隱的意識或心路歷程，透過公開分享行動研究成果，教師可以把深藏在腦海中的經驗或所謂內隱的知識（tacit knowledge）與他人溝通交流，讓其他教師和實務工作者有機會取得相關資訊。因為要分享研究成果，教師在準備與整理行動的經驗與結果時，必會帶動深一層的反思與進一步的分析，而這樣的過程，可以讓教師更瞭解自己的行動與所處的情境，進而修正最初的詮釋、產生更多的體會與頓悟。另外，因為要分享研究成果，教師的行動策略、過

程、結果與反省等，都必須表諸語言符號，使之具有可溝通、可對話、可討論與可對質的形式，於是行動研究成為一種公開形式的探究（陳惠邦，民87），其所處理的層面不僅涵蓋教師個人內隱的信念、態度、價值觀、個人理論以及教師個人實務現場的行動經驗，而是延伸到更寬廣的教育實踐場域，納入更多教師與實務工作者間的交互批判與共鳴，讓教師在公開分享的經驗中，克服教師長久以來的孤立感，透過彼此相互啓發、共同分享專業成長，產生教師間的集體專業自信。

而從另外一個角度來看，行動研究能給予教師專業知識合理的解釋（蔡清田，民89），教師可透過公開的分享研究成果，提出具體的證據，說明如何在課程與教學實務上促成的進步與改善，來獲得實務工作者及其他相關人士的支持與贊同。教師在公開分享研究成果的過程中，若能針對專業事務提出條理清晰，合乎邏輯的報告，將更能強化實務工作者的力量，不無影響教育政策、改善學校的情境的可能。

評估行動研究成果的效標

行動研究最大的特色就是：研究、行動、評估如繩索般緊密連結、交互作用，是一動態的循環週期而非線性的過程（Carr & Kemmis, 1986）。因此，任何行動研究計畫，評估都扮演著極重要的角色，若缺乏有效、具體的評估，將無法衡量研究的進展，或重新定義實務的問題，甚至會做出錯誤的結論（賴秀芬、郭淑珍，1996）。畢竟，任何研究在求知的過程中，都要講究其研究方法與推論的嚴謹度，並且要注意研究資料取得、引用、處理與詮釋是否得當的問題，換句話說，也就是要顧及有關研究「效度」

的問題，以建立研究發現與研究成果的合理性與合法性。然而，因為許多行動研究疏於對研究過程與結果進行確實的評估，再則無法明確說明實際研究歷程與結果為何（Elliott, 1998），再則缺乏研究評鑑技術與評鑑規準，出現主觀評估與客觀評估混淆不清現象（蔡清田，民89），導致行動研究往往被視為效度粗劣的次級研究，實在有必要進一步釐清這樣的誤解，並且積極加強行動研究成果的評估。

其實，行動研究具有不同的概念與實施方式（參見McKernan, 1996）。無論是獨自行動探索，或合作行動探索；或藉由量化分析來對現象進行評估與推測，或經由質化分析來對實務進行瞭解；或透過反省思考來建立意義，或應用意識型態批判來激發自覺與改革行動，行動研究在本質上是行動科學與實用藝術的結合（甄曉蘭，民89）。教師與實務工作者必須善用行動研究所提供的探究技術與方法，增強對課程與教學實務問題的分析能力，提昇其教育專業意識與自覺，一方面以敏銳的洞察力與周延的省察力，以及充沛的實務知識和嚴謹的探究技巧，來發揮行動研究的「建設性」效能，一方面也藉由具體客觀的證據，諸如來自學生的學習表現或成長記錄或其他回饋資料，來嚴格檢驗行動方案的確實成效，以確立行動研究的「改革性」功能。

基本上，行動研究是一種方法，也是一種行動，更是一種學習、成長過程。因此，在行動研究過程中，依研究問題而推展出來的反省問思及行動實踐，遠較研究假設的驗證結果更為重要（甄曉蘭，民89）。然而，此並不意味著行動研究的成果評估不重要，反而更是要加強成果的評估來確保行動的意義與價值。基於行動研究設計必須符合「合理實用」、「反省批判」、「信念辯證」、「多元認知」及「行動實踐」原則（甄曉蘭，民86；民89），對行動研究成果的評估，最好也能顧及合理實用、反省批

判、信念辯證、多元認知及行動實踐等特質，透過嚴謹、多向度的檢證批判，提高行動研究的效度，建立行動研究成果的「可信賴度」（trustworthiness）。

　　爲使行動研究和其他任何一種教育研究方法一樣，是嚴格的探究型式和合乎邏輯的思考與論證過程，更是有效的教育問題解決途徑，許多學者紛紛針對行動研究的效度問題，進行深入的探討並且提出了極具參考價值的建議（參見陳惠邦，民87；蔡清田，民89；Heron, 1988等）。參酌行動研究的特質以及不同學者的建議（包括質性研究有關效度議題的探討），特別將評估行動研究成果的效標，整理分析如下：

資料蒐集與分析的嚴謹度

　　任何研究所宣稱的發現與結果都必須有憑有據，亦即有一分資料證據才能說一分話，絕對不能憑空捏造，也不能順著感覺隨性發言。爲使行動研究成果「所言有據、有理」，必須加強資料的蒐集、引用、處理與詮釋的過程，從資料的確實性（credibility）、轉換潛能（transferability）、可靠程度（dependability）及獲得確認程度（confirmability）四個層面（Lincoln & Cuba, 1985），來檢驗資料分析的嚴謹度。因爲研究成果必須反映「眞實」狀況，所以必須用各種方法，諸如：同儕洽詢（peer debriefing）、成員回饋與校正（member check）、否證分析（negative case analysis）或其他輔助分析（referential analysis）等，來提高研究成果的確實性與可信程度。在分析資料時能夠妥善協調、整理不同來源的資料與觀點，適當、貼切地比較與詮釋資料，謹愼地將資料的脈絡、意圖、意義、行動轉換成易懂的文字敘述，公開呈現所有正面和負面的訊息與處理過程。而在與其他實務工作者交流分享成果時，亦能詳實地陳述經驗變化與不同的觀點，並加以合理的解

釋，藉著「透明化」的過程，讓所有資料的蒐集與分析是經得起考驗，而研究成果的可信度是可以檢證的。

換句話說，行動研究的資料蒐集，並非只是來自教師或實務工作者個人的觀察記錄或省思札記而已，還應該包括客觀的資料來源，諸如：學生的反應回饋、測驗結果及其他評鑑資料等。教師或實務工作者除了要掌握行動策略中所有相關的事件、對象、資源，以及彼此的關係，持續蒐集各種有關行動方案結果的資料外，更要逐項檢驗資料，加以排比、分類，並且對資料加以分析解釋，作為深入評估探究結果、行動效果之參考。在整個資料蒐集與分析的過程中，教師或實務工作者必須能夠清楚描述所採用的行動策略，蒐集到完整且足夠判斷行動成效的資料，並且要嘗試尋找不同來源的資料，檢驗其間是否有衝突與對立的觀點，然後針對這些衝突、對立觀點進行深入的思考、分析、解釋，才可能讓行動研究成果具有批判性，在確認、檢證過程中建立其值得信賴的價值。

自我省思批判的深刻度

批判反省是行動研究的特色之一，Grundy（1987）曾建議以行動研究作為推動解放性課程實踐的過程，使批判意識得以發展，將學生從歪曲的教育實踐和偏狹的價值體系與社會利益中解放出來。然而行動研究所強調的省思批判重點，並非只是針對外在的環境與條件進行批判，而是更多地指向檢討教師或實務工作者的行動方案與成效，當然其中涉入了對教師與其他參與者的信念、意識與行為的批判與反省。因為行動研究企圖在每一詮釋和行動階段，釐清教師和學生間的觀念差距和可能的行動效應，教師當以批判的觀點、超然多面向的視野，來檢視課程與教學方案的實踐過程與學生的反應，並反省個人在實踐過程中的行為表

現、立論假設及行動成效等（甄曉蘭，民89）。誠如Hammersley（1990）所指出，效度即反省的事務（validity as reflexive account），行動研究成果也應該呈現教師的反省能力，反映出教師願意透過良知覺察、批判辯證過程，勇於面對實務問題、對抗意識型態以及傳統教學習慣的努力。

　　一般質的研究，研究者對研究成果報告的反省向度通常包括：研究對象（或事或物）與大文化、政、經、歷史脈絡的關係、被研究者與研究者的關係、研究者的角度和資料解釋的關係、研究報告讀者的角色、以及研究書寫風格中可用的表徵系統和權威性等（Hammersley, 1990）。至於教育行動研究成果的省思方面，研究者（教師）則還需更進一步透過實務評估來深切反省行動方案的成效，其思考的問題包括：所有的研究結果都重要嗎？對誰重要？為什麼重要？課程與教學革新的目的達到了嗎？解決了實務問題了嗎？行動革新所帶動的改變能否視之為進步？對教師個人而言，教學專業的成長意義如何？（陳惠邦，民87）針對這些問題，教師不僅要一一地反省分析，說明自身視角的自省與自覺，並且還要提出充分、有說服力的證據資料，適當地解釋個人的觀點、行動的意義與成效、以及個人的專業認知和成長。

回饋互動中觸媒效用的影響力

　　若要確實評估行動研究的成果，只從方法上的嚴謹以及研究者的自我批判省思兩個面向是不夠的，還要再加上與其他實務工作者一起辯證分析與批判討論所產生的觸媒效度（catalytic validity）。根據Lather（1986）的定義，觸媒效用指的是「研究過程中促使參與者再教育並且集中焦點、貫注精力在認知『教育』現實進而予以改變轉化的程度」（p. 272）。因為行動研究本身具有

一種「解放」（emancipation）的意圖與特質（甄曉蘭，民89；陳惠邦，民87），為了能建立解放、批判的實用知識，評估行動研究成果的效標，應特別注意教師在研究過程中能否產生觸媒效用，幫助參與者與其他實務工作者重組知識與信念體系，在重新檢視教育實務問題時能轉化出新的實踐行動來改進課程與教學實務。

　　若是發揮得好，觸媒效用可以幫助教師和其他實務工作者培養專業敏銳度，在彼此的回饋互動中讓所有參與者質疑、檢視平常認為理所當然的假設與現象，在共同評鑑、研究、思考、反省課程與教學實務時，從較寬廣的社會、政治、倫理、以及教育情境，來激起所謂「課程意識」、「教學意識」、以及「自我意識」的覺醒，促使願意為自己的教學實踐與改進負責任，成為具有反省批判能力的教育專業內行人（甄曉蘭，民89）。其間，透過觸媒效用所產生的「彰權益能」效益，將激發教師不再被動消極地執行學者專家或行政人員的教育意圖，也不再依賴專家學者的教學「指引」或行政人員的教學「督導」，而能逐步地建立起教師個人的專業自信，發展出具實用價值的個人理論，並且積極發揮專業自主，投入課程與教學的改革行動實踐。

研究結果實用價值的推廣性

　　行動研究是以改善實務為主要目的，而教育研究更是一種應用科學，是以實用價值為導向的，所以教師從事行動研究，當然需要具有教育應用推廣上的實用價值。誠如陳惠邦所指出（民87），如果教育行動研究缺乏與教學實踐的立即關聯，則將失去教師研究原先被賦予的效用，故此，實有必要將實用效度（pragmatic validity）納為評估行動研究成果的重要效標。Kvale（1989）便認為針對研究所產生的知識及其實際效，實用效度乃是用最重要的判定標準。根據Kvale的分析，實用效度是實務工作者

「在實務工作上使知識的實體與權能成爲眞實」（1989：86），可見實務工作者必須透過行動效能來展現其知識的效能與理解的效能。畢竟，行動研究的實施乃是爲解決課程與教學所面臨的實際問題，教育實務工作者若能增加行動研究的實用價值，必能具體有效地發揮「將課程理論應用於實際」、「假實際經驗修正理論」的功能（甄曉蘭，民84）。

雖然行動研究並不特別強調工具理性，但行動研究同樣關心過程和結果，重視如何去做、爲什麼要做、效果如何以及如何推廣等類的實際問題。因爲大部分教育行動研究是關於課程與教學實踐的實際思考形式，其效度的考驗應以教學實務上的革新與進步爲依據。基本上，行動研究結果實用價值的推廣性高不高，可從研究方法與策略、研究歷程與結果等是否實際來作評估，另外，也要從研究結果的論證是否符合實際教室情境與教師工作條件等層面來加以判斷，一方面衡量教師原來改善實務的企圖是否達成，另一方面則觀察與其他實務工作者互動過程中所引起的共鳴情形如何，無可否認地，若獲得的共鳴與支持越高，則表示研究成果的實用價值越高，獲得推廣應用的機會也越大。

行動研究成果分享的重點

行動研究成果包括外顯的實務改善以及內隱的教師專業成長（陳惠邦，民87；Carr & Kemmis, 1986），如前所述，教師公開分享行動研究成果，能夠引起其他教師的共同思考與批判性對話，進而獲得情感上的、認知上的與行爲上的共鳴，並對其他教師的課程與教學實踐產生啓發意義，進而擴展行動研究的影響潛力，開發更多的機會來增進教師的專業權能感、建立專業自信與自

主。然而許多實務工作者雖有相當豐富、極具效度的行動研究成果，卻因爲不知如何掌握重點，無法有效地溝通分享其專業成長歷程與實務改善的成效，甚爲可惜。基本上，任何研究成果報告都會涵蓋：研究背景與動機、相關文獻探討、研究方法的設計與實施過程、研究發現、結論與建議等內容架構。但是因爲行動研究的獨特屬性與研究目的，行動研究成果的分享必須要能呈現探究循環中的知、行、思的過程與結果，才能促進實務工作者的專業成長、教育實務的改進以及對教育知識體系的啓發（陳惠邦，民87）。

基於此，行動研究成果的分享最好能掌握行動研究的特色，來構築其分享的內容架構與重點。行動研究不像傳統研究爲了預測未來而探究過去，乃是爲了改變現狀而進行的即時研究，是一個有明確目的卻極具彈性的開放型研究設計，其特色包括：著眼於教育現場的實務問題、致力於研擬行動方案以改進實務、強調行動策略的成效評估、鼓勵專業信念的反省與重建、以及採用歸納分析建立實務理論。因此，行動研究成果分享的重點，可以從以下幾方面來考慮：

分析問題情境和改善實務的必要性

在行動研究中，有問題存在代表著有改變的需要。所以在行動研究成果報告中，要呈現出對問題的敏感，以及研究者如何以立即、直接的方式參與問題情境、並如何決定改進實務的重點方向。藉著分享問題情境和改善實務的必要性，幫助其他實務工作者對現存問題及其解決方法有不同的思考，刺激他們發現自己所處情境中的潛藏問題，吸引他們願意主動參與解決問題、承擔改進實務的責任。

描述解決問題的行動策略方案

　　針對不同情境中的不同實務問題，應有各自不同的解決方案與策略，然而，藉由分享解決問題的行動策略方案，將有助於實務工作者累積他人的經驗供作日後決策的參考。所以在成果分享時，應詳細描述行動方案所欲實施的改變及其對實務改進的意義為何，好讓其他實務供作者能掌握行動方案的價值與目的，並能根據自己所處的情境，判斷行動方案的妥適性與應用價值。

說明行動方案的推動過程與結果

　　因為行動研究所帶出的行動策略方案是以實務為依歸，以解決問題、改善現狀為目的，在分享行動研究成果時，一定要根據資料忠實描述推動過程與呈現推動結果，讓其他實務工作者瞭解行動實踐過程的真實情況，好預作準備，擬定改變個人實務現狀的可行方案，並且知道如何採取行動，促成改革方案的推動與落實。

檢討行動方案的成效與限制

　　行動研究相當鼓勵實務工作者檢視行動方案背後所潛藏的假設，並且相當強調行動方案的成效評鑑，所以行動研究進行過程中要儘可能地擴充資料的蒐集，並且對資料隨時進行對照比較與批判反省，藉以評估行動方案的成效與限制。而在提出成果報告時，更要據實檢討之，好讓實務工作者瞭解行動方案可能有的限制，提高對不一致、不和諧事物的警覺度，並且知道如何檢視研究結果的效度及實用性，做為往後研擬方案改善實務的參考指標。

反省批判在行動過程中的專業認知與成長

在整個行動實踐過程中，行動研究是一種在「經驗」與「反省」之間的覺醒和自我批判歷程，使得實務工作者的概念、實踐及經驗能周而復始不斷地被調整修正，進而培養出兼容並蓄的整體意識，足以顧及行動中的直覺、理性、自身的行動、以及外在教學情境等（甄曉蘭，民89；Reason, 1988）。所以在行動研究成果的分享，最好能展現在行動過程中實務工作者的專業認知與成長，好幫助其他實務工作者能擴大行動研究的探究焦點及至個人的專業信念的檢視，如此將更增廣行動研究的實質影響，促成實務工作者的信念重建與專業成長。

提出實務理論與建議

實務工作者經由行動研究過程，個人的專業判斷能力不斷提昇，其發揮專業自主的機會不斷地開展，實務工作者需要能夠運用個人的主體概念、經驗範疇去理解並解釋教育現象的意義。因此，實務工作者經由行動研究所產生的教育知識或實踐智慧，與學者專家所建構的教育理論比較起來，應具有同等的價值。所以實務工作者一定要善用研究成果公開發表的機會，分享個人在行動探索經驗中所架構的實務理論，並且針對實務的改善提出具體的建議，來喚起其他實務工作者對課程與教學實務問題的覺知和敏感度，使之能發展出實用的行動策略來解決實務問題，建立身為教育實務工作者的眞實感與價值感。

行動研究成果呈現的方式

　　行動研究成果公開發表的形式很多，包括以：書面報告、口頭經驗分享、影訊圖示或其他形式來呈現行動研究的過程與結果，其中，以書面報告形式最能產生較寬廣、久遠的影響，能協助更多的實務工作者完整地瞭解到行動探究過程與研究成果。然而，研究成果報告的寫作卻是很多實務工作者的最大夢魘，充滿了許多挑戰與困擾，一方面是侷限於學術研究論文所要求的格式與專業術語，無法盡情表達，另一方面則是受礙於對自己分析及寫作能力的信心不足，拒絕以寫作來溝通表達。因此，本文最後特別討論有關行動研究報告的撰寫要領與風格問題，或許可以激發實務工作者重新思考行動研究成果的呈現方式，願意打破一些刻板印象，能夠自由地揮灑出實務工作者的熱情與感性，贏得其他實務工作者的共鳴與支持；也願意注意一些溝通技巧，能夠清楚地勾勒出整個行動研究的過程與成果，爭取到行政單位與學術社群的肯定與讚賞。

　　有關行動研究報告的寫作與發表，國內已有許多學者提出相當深入的解說，也提供了許多值得參考力行的演練建議（參見陳惠邦，民87；蔡清田，民89；夏林清譯，民87），為避免重複贅述，在此僅就有關行動研究報告的寫作常出現的缺失與迷思提出討論。

溝通誠意與技巧的問題

　　有些實務工作者誤以為行動研究是為了個人的實務改進，所以常常只是站在個人的立場、從自己所處的情境脈絡，來記載、分析、撰寫及報告個人相關行為實踐與想法，或驕傲激情的自我

表述，或感傷哀怨的喃喃自語，卻忽略了其溝通分享對象的特質，未能顧及閱聽者的背景與期望，使用閱聽者可以懂得或可以接受的語言來再現情境、分享經驗或溝通理念。任何行動研究報告都不能過度自我陶醉或過度自我貶抑，只顧自己要說些什麼而不管閱聽者的理解與感受。研究成果的報告分享者一定要有溝通的誠意，瞭解溝通對象（或其他實務工作者、或學術社群人士、或行政單位主管等）的特質與興趣，釐清溝通分享的目的，慎選表達的語言與方式，也要有溝通寫作的技巧，能夠用洗鍊的文字與周全的內容組織佈局，呈現不偏不倚、完整的成果報告，使得個人的探索經驗、教育理念與實務知識能充分的與他人分享交流。

任何行動研究報告寫作之前，都需要先思考三個關鍵問題：想要推廣什麼？對象是誰？如何呈現？然後再來決定必須包含什麼資料（現況描述、研究方法、研究發現的分析、行動策略等），以及運用什麼樣的報告（如何報告？用什麼方式？）等技術層面的問題。根據前面關鍵問題的思考，最好能研擬一份報告的整體邏輯大綱，先推敲故事裡的分析性邏輯（analytic logic）與批判論證架構大綱，隨時藉由圖表和排列的方式摘記探究經驗的重點，並且不斷地思考，發展出一個清楚的分析性故事，然後擬妥一份暫時性的文章大綱，將分析性故事的所有重要情節與值得討論的議題包括在內。

基本上，行動研究報告撰寫最難處理的是其多元龐雜的資料，如何根據分析架構將資料分門別類、作適當的歸類是相當大的挑戰，Wolcott（1990）便建議資料處理的重點，不在於累積資料，而是儘量捨去資料，藉著「去蕪存菁」的功夫，得到有分析價值的資料，才有可能妥善應用資料來解釋或支持所提出的論述與分析。為了達到充分溝通的目的，通常文稿繕寫完畢之後，一

定要檢視全文，並且嘗試著自問：研究的脈絡是否表達清楚？報告陳述資料是否有資料的支持？是否考慮到與結論抵觸的證據與另類的解釋？報告的寫作方式是否易於瞭解、是否生動有趣？報告有沒有倫理上的顧慮？經過檢核之後，一定要針對不理想的地方，勇敢、大方地進行刪修，若稍有慵懶或捨不得，報告的精緻度與嚴謹度多少都會打些折扣。

另外，值得注意的是：行動研究雖然強調批判反省面向，但要避免驟然妄下結論，不應過於強調個人的意見和判斷，也要避免使用過於強烈的情緒語詞和類似「應該…」、「必須…」的結論要求。陳述分享之末，最好能試著將研究發現的意義和其他研究或相關的實務情境資料相連貫，然後以總結（summary）、建議（recommendations）、應用意涵（implication）或個人反思（personal reflection）的方式收尾（Wolcott, 1990），或許更能讓其他實務工作者獲得啓示，甚而激發其他實務工作者根據報告所企圖溝通的重點繼續追蹤探索。

形式與風格的問題

就質的研究報告而言，常隨著研究主題或研究者的寫作風格而呈現出不同的形式，行動研究成果的報告寫作亦然。有的是以傳統第三人稱撰寫報告，有的則以第一人稱敘述經驗，呈現出較為個人化的寫作風格與色彩。近年來，行動研究報告撰寫隨著質的研究在寫作形式上的不斷突破，其寫作形式與風格也是越來越開放多元，除了傳統論文體例、當代流行的敘事體例外，還有詩歌、隱喻、戲劇等表徵方式亦出現在不少行動研究報告中。若根據van Maanen（1988）對報告寫作形式的分類，則可區分為寫實派的故事（realist tales）、自白的故事（confessional tales）、以及印象派的故事（impressionist tales）。以行動研究強調批判省思的

特質來看，似乎較接近自白的故事呈現方式，不但可以補充寫實故事的缺漏，亦可以呈現研究者在現場與他人互動的關係以及行動實踐過程中的反省批判。

　　然而，國內許多實務工作者在報告撰寫方面常常出現兩種極端，一種是規規矩矩遵照傳統論文格式書寫，詳細的敘述了方法、流程、結果與建議，卻未能深刻的解析信念轉變的過程或評估反省行動實踐的成效，使得整個的論述極其缺乏批判辯證的觀點；另一種則是顛覆傳統論述形式，而是用敘事體例（narrative form）來披露個人的反省與成長，但卻未能提供客觀的資料來支持個人的批判觀點，使得出自個人感受的判斷淹沒對實際行動成效的釐清。也難怪，有時候實務工作的研究成果會遭到不夠嚴謹、不像研究報告的批判。其實，會出現這樣的批評，並不是因為學術社群的研究論述優位於實務工作者的行動研究成果報告，也不是哪一種論述格式或寫作風格比較像或比較不像研究報告，而是因為許多行動研究成果報告的「實質內涵」有所缺漏不足的問題。

　　基本上，針對行動研究成果書寫分析的部分，在組織「敘說」和「論述」有不同的作法，或交叉呈現，或分開章節；或以時序排列、或以議題來發展、或描繪事件、或使用關鍵陳述來報導行動研究成果。即便用辭與組織方式上有個人的選擇與風格，但總脫不了對人、事、時、地、物的「切實」陳述與「犀利」批判。唯有透過不斷的演練，才能逐漸掌握箇中秘訣，體會報告寫作的要領。若要改進行動研究報告的書寫，則需充實其實質內涵，加強敘述安排的系統與論證層次的均衡，不論是用感性的語言或知性的訴求，都要顧到文字的精確度與推論的嚴謹度，有憑有據卻也有血有肉地呈現出行動探索過程中的觀察、評鑑、反省經驗與啟示，讓行動研究成果報告也可以成為實務工作者獲得啟蒙、得

以彰權益能的管道。誠如陳惠邦（民87，頁271）所建議：

　　教育行動研究的書面報告呈現中，應以直接的與自省的陳述
為原則，感性卻不濫情，主觀但不偏執，自省而不割裂，（包容
所有協同成員歧異意見的統整）。在這樣的報告中，雖然只能是有
關某些事件或問題的直接敘述，但包含著教師深度反省與交互批
判的記錄。

結語

　　教師參與行動研究，有助於課程與教學實務的改善以及教師
專業知能的成長與專業文化的提昇，而教師若能公開發表行動研
究成果，則更有助於呈現教師的實踐智慧以及建立教師的實務理
論，在激發實務工作者一起攜手反省、改進教育實踐方面有其極
重要的意義。然而，許多行動研究成果報告常遭受到不夠嚴謹或
品質不高的批評，因此本文特別討論了行動研究成果的評估效
標，希望有助於實務工作者檢視反省個人的研究過程與結果，能
加強研究的嚴謹度，提高研究的品質。另外，為了鼓勵更多實務
工作者公開分享行動研究成果，掃除實務工作者在報告寫作上的
障礙與疑慮，本文也特別說明了公開分享研究成果的重要、介紹
了行動研究成果的呈現重點及分析了行動研究成果呈現方式的相
關議題。雖然每個人的寫作習慣不同、溝通表達方式不同，而對
資料的詮釋和所著重的議題也有所不同，再加上行動研究本身從
研究設計到報告呈現就極其彈性開放，仍然希望透過本文就相關
議題的討論，對實務工作者在成果報告的內容安排、資料取捨、
呈現方式與風格以及書寫技巧方面，能有所提醒與幫助。企盼有
更多實務工作者願意投入行動研究、公開分享研究成果，使教育

研究更多采、更豐碩，而教育實務的改進能更具體、更紮實、更全面。

參考書目

中文部分

夏林清等譯（民87），《行動研究方法導論》。台北：遠流。

陳惠邦（民87），《教育行動研究》。台北：師大書苑。

甄曉蘭（民84），合作行動研究－進行教育研究的另一種方式，《嘉義師院學報》，9，197-318。

甄曉蘭（民86），教學理論，載於黃政傑主編，《教學原理》。臺北：師大書苑。

甄曉蘭（民89），教師與教學研究，載於洪志成主編，《教學原理》。高雄：麗文。

歐用生（民85），《教師專業成長》。臺北：師大書苑。

蔡清田（民86），以行動研究為依據的教師在職進修與成長，載於中華民國師範教育學會主編，《教學專業與師資培育》。臺北：師大書苑。

蔡清田（民89），《教育行動研究》。台北：五南。

賴秀芬、郭淑珍（民85），行動研究，載於胡幼慧主編，《質性研究：理論、方法及本土女性研究實例》，頁239-248。台北：巨流。

英文部分

Carr, W. and Kemmis, S. (1983). *Becoming critical: Knowing through action research*. Australia: Deakin University.

Grundy, S. (1987). Curriculum: Product or praxis. Philadelphia, PA: Glamer Press.

Elliott, J. (1998). *The curriculum experiment: Meeting the challenge of social change*. Buckingham: Open University Press.

Hammersley, M. (1990). *Reading ethnographic research: A critical guide*. London: Routledge

Heron, J. (1988). Validity in co-operative inquiry. In Peter Reason (Ed.) *Human inquiry in action: Developments in new paradigm research*. London: SAGE.

Kemmis, S. & McTaggart, R. (1988). *The action research planner*. (3rd ed.). Victoria, Australia: Deakin University.

Kvale, S. (1989). To validate is to question. In S. Kvale (Ed.). *Issues of validity in qualitative research* (pp. 73-92). Sweden: Studentlitteratur.

Lather, P. (1986). Research as praxis. *Harvard Educational Review*, 56(3), 257-277.

Lincoln, Y. S. & Guba, E. G. (1985). *Naturalistic inquiry*. Newbury Park, CA: SAGE.

McKernan, J. (1996).*Curriculum action research: A handbook of methods and resources for the reflective practitioner* (2nd ed.). London: Kogan Page.

Van Maanen, J. (1988). *Tales of the field: On writing ethnography*. Chicago: University of Chicago Press.

Wolcott, H. F. (1990). *Writing up qualitative research*. Newbury Park, CA:SAGE.

第十章
課程行動研究的問題與展望

黃政傑

前言

　　近一、二十年來，國外的課程改革日益重視教師的行動研究，有關教師研究、行動研究的學理和實務亦時有所見（Hichcock & Hughes, 1989; Holt, 1980; Stenhouse, 1975; Stenhouse, 1980）。反觀國內之課程改革動向，伴隨著對本國課程問題的反省與國外課程改革經驗的引介，近年來開始掀起另一波的課程改革風潮，在所謂「教育鬆綁」的方向下，教育工作者的課程決定權責逐漸擴充。其中，國民教育九年一貫課程的實施與學校本位課程發展的推動，更加大基層教育工作者參與學校課程設計和發展工作之機會（中華民國課程與教學學會，1999；張嘉育，1999；黃政傑，1999；歐用生，2000：陳伯璋，2001）。

　　為使課程改革發揮應有成效，此次改革的規劃與推動過程中對於課程行動研究甚為重視，期盼藉此使學校以其自身之課程問題作為教育研究的起點，同時結合學校本位課程發展，進一步研擬出具體的課程改革方案，以有效解決學校面臨的課程問題，促進教師專業成長，並提昇整體學校教育和課程之品質。

　　儘管課程行動研究可望達成前述目標，但由於此一類型的研究主要是由學校規劃實施，其中仍有其困難，且其研究品質、研究過程之人際互動關係都是亟需審慎面對之課題（蔡清田，2000）。鑑及於此，本文首先分析課程行動研究的性質，其次指陳課程行動研究的問題，最後對於課程行動研究合作關係的經營、課程行動研究的品質提昇等重要議題提出具體建議。

課程行動研究性質之分析

　　過去以來，國內介紹行動研究的論著並不在少（如王秀槐，1983；王文科，1998；張世平，1988；陳惠邦，1998；黃政傑，1985；葉連祺，2000；蔡清田，2000等），惟行動研究的性質仍未爲各界充分瞭解，導致行動研究遭到誤用或效果不彰的情形，所以本文有必要先分析行動研究的性質爲何。歸納言之，所謂「行動研究」包含了研究和行動兩大部分，係指各行各業的工作者在其工作過程中遭遇到問題，進而探究問題的性質和範圍，瞭解其發生的原因，尋求解決方案，並化爲改革行動以解決問題的過程。至於所謂的「課程行動研究」則可定義爲，學校教育工作者在課程領域的工作中遭遇到問題，乃分析課程問題的性質和成因，提出課程問題解決方案並加以實施，進而落實課程改革成效的過程。

　　課程行動研究既然在探討學校所面臨的課程問題，而這些問題的性質和範圍究竟爲何？問題的導因爲何？是否存在有相關文獻可供問題探究之參考？問題解決之道可有那些方案？各方案的利弊得失爲何？那一解決方案最爲適切？該方案採用時所需進一步從事的課程設計、發展與改革爲何？未來該課程改革方案如何實施？相關配合措施爲何？如何確知該課程改革方案是否已解決原先之問題？其實施成效與遭遇問題爲何？下一循環的課程行動研究主要重點爲何？或者研究者應轉向其他問題的探討？從以上問題可知，課程的行動研究並非是常識性或直覺的行動，而是奠基於研究基礎上的行動；再者，課程行動研究的焦點著重的是學校立即的應用與課程改革，而非理論的建立發展或全國性課程問題的普遍解決方案，因此行動研究決不是將研究成果束諸高閣的

一種研究取向，而是確實可以轉化為實際教改行動的研究類型。

具體言之，學校課程的行動研究應具有以下九項特質：

1.研究主題擷自學校環境的脈絡：行動研究的主題出現在學校的環境中，具有學校內部環境和社區環境的特殊性，故研究和行動必須把握主題所源自的學校環境脈絡，絕不可把它孤立起來看待。

2.是以研究為基礎的問題解決過程：行動研究是學校教育工作者在學校遭遇課程問題時所進行的問題解決過程，而此一過程必須奠立於研究的基礎之上，它不是盲目的，或即時的反應，或是行政的權宜措施。

3.實施過程兼具研究、行動兩大面相：在行動研究過程中，研究之後有行動，行動後還可再進行研究，兩者兼具且可不斷循環。

4.研究者兼具研究者和行動者的角色：研究者扮演行動者的角色，行動者扮演研究者的角色，所以在行動研究之中，研究和行動合一，研究成果的落實運用不會有脫節之虞。

5.具備持續評鑑且可反覆實施的步驟：行動研究必須持續評鑑研究結果和改革方案的實施，確認其是否帶動學校教育及學生學習經驗的良性改變，學習成效是否達成預期的目標，學校原先所面臨的問題是否解決。必要時研究和行動等步驟都必須反覆實施，直到學校所面臨的問題確實解決為止。

6.研究人力以內部人員為主導：行動研究是由學校內部的教育工作者主導，而不是由校外人員主導的，所有的決定應由校內人員承擔起來。

7.研究成員可以採合作策略：行動研究的實施固然可以是個人導向的，但由於學校教育問題具有整體性，其解決需要集體協

力才可成功，加上學校教育工作者的時間有限，其研究能力需要互補，故合作是行動研究應該強調的重點。

8.研究者必須提出課程改革方案：課程行動研究在完成研究成果之後應據以設計和發展改革的課程，並準備相關配合措施，以便得以順利付諸改革的行動。課程改革方案的設計和發展必須建立於課程相關的理論基礎之上，並循有效的課程設計及發展模式進行之。質言之，課程改革方案必須切合問題解決的需要，以便付諸行動。

9.研究者必須實踐具體課程改革行動：行動研究是以解決問題為目的，故應釐清問題的性質，分析解決問題的方法，提出問題解決方案。同等重要的是行動研究必須設法將改革方案付諸行動，確實達成問題解決的效果。

課程行動研究遭遇的問題

由於每個學校都會遭遇課程問題，而這些問題有其個殊性，需要學校主動研究才能提出問題解決方案實施之，因此課程行動研究可以說是學校教育品質的保障。然而審視當前教育環境，迄今課程行動研究的推展仍未能落實於學校與教師之中，以下幾方面的問題應該是主要之關鍵。

課程行動研究屬內部人員的研究

課程行動研究的研究者主要為學校內部的工作者，這是典型的內部人員研究。內部人員從事研究的主要優點為容易瞭解學校內部的課程及其問題，且研究結果可以立即連結於改革的實施。

但內部人員為主的研究也面臨許多問題，其中最令人質疑的乃是研究者易被現場環境所同化，不易發現問題的癥結所在，或提出前瞻及多元的改革方案以化為行動，或者研究過程中較易受到外力影響而出現較不客觀的研究結果。

課程行動研究者非研究專業之人員

課程行動研究者既為學校教育工作者，包含行政主管和教師，他們在研究上的專業性會受到懷疑，因為絕大多數的教師並未接受研究方法上的訓練，即使修過研究方法的課程，也缺乏實際研究經驗，未具備獨立研究的能力，如何能勝任研究工作，需要有所因應。

研究者易生研究角色和工作角色的矛盾

研究者一方面要扮演專業上的角色，從事教學工作，另方面要扮演真理探索的角色，從事研究工作，這兩個角色之間有時會出現混淆和矛盾，研究的角色、行為、態度、價值觀等等，均會受到教學和行政工作所干擾，反之是否出現同樣的干擾或矛盾，值得探討。

外部人員的參與及定位不明

課程行動研究時常會聘請學者專家擔任研究上的指導，請其定期表示意見，做為研究的參考，或者協助教育工作者作成決定。學者專家既為外部人員，他就不能替學校做成決定，而且其意見到底受到多少尊重時常被懷疑。但有時學者專家的意見甚具影響力時，這時會出現反客為主的情形，支配學校課程行動研究

的走向。不過，接觸學校不深的學者專家時常不瞭解學校的實況及其改革的需求，導致所提意見未能針對學校特定需求或對準學校改革焦點，最後難免流於抽象原則的分析，無助於課程行動研究者的研究和行動。

學生恐淪為課程行動研究的白老鼠

課程行動研究既為學校所主導，其決定攸關學生的權益。批評者指出若此一行動研究的改革方案設想不足，方法不當，設計欠佳，則學生將成為課程改革的受害者，有如實驗室的白老鼠一般，這是很不幸的事。

課程行動研究的合作策略尚待強化

行動研究又稱為合作研究，在學校課程領域做行動研究時也要運用合作的途徑，發揮教育工作者合作的精神。行動研究至少有四方面的合作必須重視，其一為學校行政人員與教師之間的合作，其二為從事研究的教師之間的合作，其三為教師和學生的合作，其四為研究教師和校外人員之間的合作。這些合作的範疇時常被行動研究者所忽略，其中的互動和倫理關係卻是行動研究成敗之所繫。

課程行動研究的小組合作設計形同形式

合作進行行動研究的小組若未能妥善分工，則所有研究工作均集中於少數人身上，造成部分研究者忙碌不堪，其他人則無所事事、坐享其成。更嚴重的是小組的各種能力和力量未能整合來建立共識，解決所遭遇的問題，研究的品質堪慮。研究小組內部

的領導也是個問題，其中主持人常未能扮演好自己的角色，更難以帶領小組內的研究夥伴做好研究發展的工作。

參與成員更迭影響課程行動研究的過程與品質

課程行動研究會遭遇人員更迭的問題。例如，暑期學校教師的調校可發現，有不少是為了逃避其原來服務學校的研究負荷過重。教師更迭後，學校必須找到合適的替代者，且需要重新加以訓練和溝通。至於校長和行政主管的更迭，當然也會出現類似的情形，這是每個學校都要面對的問題。

課程行動研究涉及校園內部政治敏感性

任何研究多少會有其政治性，學校課程行動研究當然也會是如此。行動研究的政治性主要來自幾方面，其一為學校的階層組織，行政主管和校長位於階層組織的上位往往會運用力量影響教師行動研究的方向、過程和結果。其二為教師與學生之間，教師的影響力遠大於學生的影響力，學生的意見有時不容易在教師面前確實或充分地表示出來。其三為教師為內部人員，是學校的一分子，對於學校課程的批判反省不易實施，否則會遭致其他教育同仁的批評。

課程行動研究的風氣尚未普及

教師從事研究發展工作一向被認為是對大學教師任務的描寫，而不是對中小學教師的期許；一般人不會期望中小學教師去從事行動研究，中小學教師更不可能自我期許成為研究者。研究風氣在中小學並不普遍，此一事實成為推動課程行動研究的障

礙。

　　總之，由於課程行動研究的獨特性，因此課程行動研究基本上屬於內部人員的研究，研究主導者的研究素養較爲不足，研究者常面對教學與研究角色的矛盾衝突，外部人員的參與及定位不明確，學生有淪爲研究白老鼠之虞。加以課程行動研究的合作策略未能充分運用，即使有，有時小組合作設計也形同虛設，未能切實執行。而學校研究成員的更迭、行動研究過程可能涉及的內部政治敏感氣氛以及當前課程行動研究的風氣尚未普及，在在使得課程行動研究的推動與實施呈現相當的困境。

課程行動研究合作關係的經營

　　事實上，一個課程行動研究本來就面對著多重的合作關係必須加以經營。首先，課程行動研究常遭遇的問題之一，是中小學教師的教學與行政負擔極爲繁重，即使出現較空閒的時間，他們也未必願意將課程行動研究置於最優先之工作事項。

　　因此，行動研究合作關係的經營，首在爭取全校教師對課程行動研究的參與及支持，做爲資訊提供者、實驗執行者、課程設計者。由於改革需求的評估，學校課程問題的確認，研究主題的選定，若有教師的參與，教師較易於體認行動研究的重要性而樂於參與。不過，所謂的課程行動研究參與應該可以有程度之別，推動課程行動研究時應瞭解教師成員的參與程度及其原因，設法激勵參與的熱誠。具體言之，教師參與課程行動研究的程度可概分如下：

　　1.主持學校課程行動研究。

2.加入課程行動研究小組。

3.研擬課程改革行動方案。

4.參加課程行動方案的改革活動。

5.協助研究小組蒐集資料。

6.參加課程行動研究小組的發表會。

7.討論課程行動研究相關事宜（包含：研究需求和主題的評
　估、課程現況和問題的探討、課程改革的建言等）。

　　課程行動研究的第二個合作關係是得爭取行政主管心理層面
的認同，獲得研究必要的經費、設備、空間、時間等物質支持與
協助，同時避免行政對研究的不當干預。行政主管在行動研究成
效的提振上可扮演關鍵性的角色。行動研究需要經費、人力等各
項資源，也需要支持性的校園改革氣氛，行政主管正好是可用資
源的分配者，還是整體發展和改革的協調者、學校改革共識的建
立者及獎勵誘因的提供者。然而，研究小組面對其所經營的合作
關係需要實踐的倫理責任，首在誠實扮演追求真理的角色，堅持
不受外力干預的決心。行動研究的成果若不能排除外力不當介
入，則其必然受到扭曲而失去信度與效度。研究小組還要扮演課
程改革者的角色，實踐研究過程中擬訂的課程改革方案。最後，
研究小組還要評鑑改革方案的實施成效，確認方案的改進方向。
研究者必須秉持開放的態度，傾聽不同的意見和批評，判別其中
具建設性的觀點加以運用。

　　第三個需加以經營的合作關係是研究小組內部的關係。研究
小組內部的關係也是課程行動研究成敗的關鍵。研究小組共需多
少人合作研究，其研究人員如何組成，角色分工為何，如何參與
研究的過程，如何分享研究成果，都是重要的課題。其中主持人
的權責為何，研究員擔任什麼任務，課程改革方案的實施者的職

掌為何，研究助理在行動研究專題中的地位等，都需要明確地界定。切忌把研究小組的所有研究工作完全集中於一個人或少數人身上。

學校課程行動研究雖說是由學校教育工作者主導的研究，卻絕不是學校內部人員獨斷的研究，學校的研究小組仍必須與外部人員互動，爭取其協助或批評，以提昇研究的品質。由於學校與外部人員在課程行動上的合作，必須建立於平時夥伴關係的經營之上，所以學校研究成員與外部人員的關係亦不容忽視。

通常課程行動研究小組的外部人員可包含大學校院和研究機構的學者專家，其專長涵蓋教育學者和學科專家，其次是中小學的教育夥伴，尤其是鄰近地區的學校或各學科輔導的種子學校，此刻正進行課程改革、課程實驗或課程研究的學校更有幫助。其三為學校所在社區的業界夥伴，包含：公民營機構、政府機構及民間團體，都可能協助學校課程行動研究。平時學校可多與學者專家接觸、瞭解他們的專長，邀請他們蒞校演講，一旦學校從事行動研究時便可聘請其擔任顧問或指導委員。學者專家的尋覓或可經由推薦，或可經由資料庫蒐尋的途徑。經營社區人士和家長的關係，也是很重要的，平時可經由各種學校活動邀請他們參與，增加他們對學校的認識和向心力。從事課程行動研究時，徵詢社區人士和家長的意見也是必要的程序。

最後，研究小組也必須爭取學生、家長與社區人士對研究的認識與參與，如果家長、學生與社區未能認識研究的重要性，便不會支持研究小組的研究過程，更不會支持後續所提的課程改革，甚至也不會提供研究者所要求的資訊和資源，或支持研究者所需要的改變。

以上提及的課程行動研究各類合作關係中，以研究者與學生關係的經營是較常被忽略者。學生是教育的主體，課程行動研究

的焦點即在於學生學習經驗的觀察與檢討，從中尋繹可能存在之問題並據以改進，故從事課程行動研究時，研究者切不可忽略其與學生之關係，應徵詢學生對課程的意見和改革的觀點，以確保行動研究小組所發展出的課程革新方案能切合學生需求。不過研究過程中，學生是否會造成研究預言自行應驗的效果也必須留意。

課程行動研究品質的提昇

　　課程行動研究的人力組成影響研究品質甚鉅，這是其遭受外界質疑之處，也是無庸置疑的事實。由於研究者需要具備研究能力才能勝任專業的研究工作，因此，研究小組的組成應以具備研究能力者為核心，或者擔任主持人或者擔任研究員。未具備獨立研究能力和研究經驗者則宜在指導下進行課程行動研究，才能勝任研究工作。不過，根本之道仍須從提昇教師從事課程行動研究的素養層面著手。

　　可用以提昇行動研究的水準的管道與作法相當多，在教育行政主管機關與師資培訓機構方面，其一為鼓勵學校教育工作者回流接受教育，修讀碩士或博士學位，並選定課程行動研究相關主題撰寫論文。其二為在研究所四十學分在職進修課程開設行動研究專題，探討行動研究的方法與實例。其三為開設行動研究研習課程，區分初階、進階及獨立研究和論文指導等學程。其四為辦理課程行動研究的論文競賽，並甄選其中之優良者辦理研討會，分享行動研究經驗。其五為藉由網路公布各校的課程行動研究報告，建立便於蒐尋的資料庫，學校教育工作者可採自學的方式進入網站學習。至於學校部分，則必須鼓勵教師參與研究方法的進

修，或修習學分，或進行專題研究報告，或修習學位，藉以取得研究能力和經驗。

而學校又該如何強化課程行動研究的校內合作呢？中小學在課程鬆綁之後，其課程決定的權力大幅擴充，應該成立課程決定的組織做為課程決策、設計、發展和改革的機制。例如，在學校層級成立課程委員會，在學科領域和科目領域分別成立學科課程小組和科目課程小組，在教師層級可以成立協同教學小組。課程行動研究的合作研究小組，可視題目性質由協同教學小組、科目課程小組、學科領域課程小組、或學校課程委員會的委員之中遴選組成。

課程行動研究經由研究和改革行動，影響學生的學習，因此，社會各界都會關心這方面的努力。由於行動研究並非由專門的研究人員擔任，故研究結果的品質往往會遭到懷疑。為瞭解除各方的疑慮，研究過程和結果的公開是可行的途徑。在整個研究的過程中，可公開審查的項目，包含：研究計畫、研究工具、研究發現、改革方案、實施成效等。這項公開審查的程序，可以塑造自由研討的風氣，不但有助於校內外人士課程行動研究的理解、支持和協助，也可經由他們的檢討、批評和激勵，提昇研究的品質，促進改革的效果。

學校革新文化的建立—代結語

說服教師採取改革行動是不容易的事，傳統由上而下的模式固然是一種可行的方式，但是由下而上或平行互動的模式或許是當前社會更有效可行的方式。平行互動模式是尋找學校課程改革的社會關係網路，再藉由這個網路傳播改革方案，促進改革的參

與。由下而上的模式，可由教師個人之間結合的行動研究，提到學校課程委員會或學科委員會，再由行政主管來推動，甚或傳播到其他學校。說服教師參與課程改革方案的實施，必須說明及示範改革方案的精神、目標、內容、方法及預期效果，分析教師在改革過程中可以獲得的協助為何。教師的在職訓練是必要的步驟，實施改革的過程中，建立人際網路藉以持續提供諮詢服務及其他協助是有必要的。

　　一個具備革新氣氛的校園與行動研究是相互激盪的。倘若校園文化充滿改革的氣氛，校內教育工作者便容易接受行動研究的改革方案進而加以實施，反之亦然。改革的校園文化是以評鑑為基礎的，學校辦理的每一項活動，都要實施評鑑，對於活動的計畫、實施和成效加以檢討，再把檢討的結果回饋於活動中以促成改革。這些措施若能運用行動研究的方法，蒐集和分析相關資料，建構改革方案並推動實施，便會逐漸成為改革的良性循環，帶動學校的進步。再者，建立民主開放的校園精神是很重要的，行動研究重在真確，民主開放可促成真誠的研討氣氛和確實的探究，研究者與學校其他教育工作者的良性互動因而形成，有助於行動研究的資料蒐集、改革方案的設計及實施。最後是表揚優良的行動研究和教育改革成果，並促進校園內的經驗分享，瞭解行動研究和教育改革的關係，當有助於校園內改革文化的形成。

參考書目

中文部分

中華民國課程與教學學會主編（1999），《九年一貫課程之展望》。台北：揚智。

王文科（1998），《教育研究法》（增訂新版）。台北：五南。

王秀槐（1983），行動研究法簡介，《台灣教育》，394，13-19。

張世平（1998），行動研究法，載於黃光雄、簡茂發主編，《教育研究法，頁341-373。台北：師大書苑。

張嘉育（1999），《學校本位課程發展》。台北：師大書苑。

陳伯璋（2001），《新世紀教育改革的省思與挑戰》。台北：師大書苑。

黃政傑（1985），《課程改革》台北：漢文。

黃政傑（1999），《課程改革》（三版）。台北：漢文。

葉連祺（2000），中小學教師行動研究策略之探討，《教育資料與研究》，35，11-15。

歐用生（2000），《課程改革》。台北：師大書苑。

蔡清田（2000），《教育行動研究》。台北：五南。

英文部分

Hitchcock,G., & Hughes, D. (1989). *Research and the teacher: A Qualitative introduction to school-based research*. N.Y.: Routledge.

Holt, M. (1980). *Schools and curriculum change*. London: McGraw-

Hill.

McKernan, J.(1993). Varieties of curriculum action research: Constraints and typologies in American, British and Irish Projects. *Journal of Curriculum Studies*, 25 (5), 445-457.

McKernan, J.(1991). *Curriculum action research*. N.Y.: St. Martin's.

Stenhouse, L.(1975). *An introduction to curriculum research and development*. London: Heiemann.

Stenhouse, L.(1980). *Curriculum research and development*. London: Heiemann.

行動研究與課程教學革新　Classroom 系列 7

主　　編☞ 中華民國課程與教學學會

出 版 者☞ 揚智文化事業股份有限公司

發 行 人☞ 葉忠賢

責任編輯☞ 賴筱彌

登 記 證☞ 局版北市業字第 1117 號

地　　址☞ 台北市新生南路三段 88 號 5 樓之 6

電　　話☞ 886-2-23660309　886-2-23660313

傳　　真☞ 886-2-23660310

法律顧問☞ 北辰著作權事務所　蕭雄淋律師

印　　刷☞ 偉勵彩色印刷股份有限公司

初版一刷☞ 2001 年 7 月

I S B N ☞ 957-818-285-6

定　　價☞ 新台幣 300 元

網　　址☞ http://www.ycrc.com.tw

E-mail ☞ tn605547@ms6.tisnet.net.tw

國家圖書館出版品預行編目資料

行動研究與課程教學創新/中華民國課程與教學
學會主編.--初版. -- 臺北市：揚智文化，
2001[民90]
　面；　公分 .—（Classroom系列；7）
　ISBN　957-818-285-6（平裝）

1. 教育—研究方法　2.九年一貫課程 3.教學法

520.31　　　　　　　　　　　　　90006726